MELHORES
POEMAS

Cruz e Sousa

Direção
EDLA VAN STEEN

MELHORES
POEMAS

Cruz e Sousa

Seleção
FLÁVIO AGUIAR

global

© Global Editora, 1997

2ª EDIÇÃO, GLOBAL EDITORA, SÃO PAULO 2001
1ª REIMPRESSÃO, 2010

Diretor Editorial
JEFFERSON L. ALVES

Gerente de Produção
FLÁVIO SAMUEL

Assistentes Editoriais
ALESSANDRA BIRAL
JOÃO REYNALDO DE PAIVA

Revisão
LILIANA CHIODO C. R. DE ALMEIDA
MARIA CLARA B. FONTANELLA

Projeto de Capa
MARCELO LAURINO

Editoração Eletrônica
GISLEINE DE C. SAMUEL

Dados Internacionais da Catalogação na Publicação (CIP)
(Câmara Brasileira do Livro, SP, Brasil)

Sousa, Cruz e, 1861-1898.
  Melhores poemas Cruz e Sousa / seleção Flávio Aguiar. – 2. ed. – São Paulo : Global, 2001. – (Coleção Melhores Poemas ; 35)

Bibliografia.
ISBN 85-260-0570-7

1. Poesia brasileira I. Aguiar, Flávio. II. Título. III. Série.

97-5689   CDD-869.91

Índice para catálogo sistemático:

1. Poesia : Literatura brasileira 869.91

Direitos Reservados
GLOBAL EDITORA E DISTRIBUIDORA LTDA.
Rua Pirapitingui, 111 – Liberdade
CEP 01508-020 – São Paulo – SP
Tel.: (11) 3277-7999 – Fax: (11) 3277-8141
e-mail: global@globaleditora.com.br
www.globaleditora.com.br

Colabore com a produção científica e cultural.
Proibida a reprodução total ou parcial desta obra
sem a autorização do editor.

Nº de Catálogo: **2063**

Obra atualizada conforme o
Novo Acordo Ortográfico da Língua Portuguesa

Flávio Aguiar nasceu em Porto Alegre, estado do Rio Grande do Sul, em 1947. Começou os estudos literários na Faculdade de Filosofia da Universidade Federal do Rio Grande do Sul, em 1966, e bacharelou-se em Letras pela Faculdade de Filosofia, Letras e Ciências Humanas da Universidade de São Paulo, em 1970. Na USP fez mestrado e doutorado em Teoria Literária e Literatura Comparada. Hoje é Professor Doutor da disciplina de Literatura Brasileira da USP, onde leciona desde 1973. Foi professor convidado das Universidades de Montreal e Laval, no Canadá; de Havana, em Cuba; de Berlim, na Alemanha e da Costa do Marfim, no país de mesmo nome. Tem vários trabalhos publicados, entre eles, sua tese de doutorado, *A comédia nacional no teatro de José de Alencar*, com a qual ganhou o Prêmio Jabuti da Câmara Brasileira do Livro, de 1983, na categoria Ensaio Literário. Seu livro de crítica mais recente é *A palavra no purgatório*, de 1997, reunião de artigos publicados na imprensa alternativa durante os anos da ditadura militar.

A SECRETA MALÍCIA

No poeta de inspiração espiritualista que foi Cruz e Sousa, chama a atenção o número de alusões ao Diabo. É um Diabo vário. Ora é o poderoso senhor "capro e revel, com os fabulosos cornos", do poema "Satã", de *Broquéis*. Ora é o "cornoide deus funambulesco", um "momo picaresco" que chora a mocidade perdida, como em "Majestade caída", no mesmo livro. Em "*Spleen* de deuses", de *Faróis*, o "Capricórnio Satã" volta a desafiar o Criador. Mas não o faz com a rebeldia dos primeiros tempos, nem é fulminado como então. Ambos estão face a face; o último implora pelo "fascinante Inferno"; o primeiro, pelo "tédio senil do céu fechado". Já no poema "Deus do Mal", publicado em *Últimos sonetos*, o poeta assume uma posição ortodoxa, deplorando o "Espírito do Mal", o "deus perverso", por este não ter acesso à "graça divina e consolante", sendo um "réprobo estranho ao Perdão externo". Mas no poema "Único remédio", coligido no mesmo livro, o poeta declara uma certa nostalgia do Mal, pois as vidas que sobem "a espiral do Inferno", as "almas que têm sede de falerno" encontram, ao invés do vinho antigo inebriante, "apenas o licor moderno / do tédio pessimista que as esmaga".

Entre os muitos cursos de sua prosa poética, a certa altura lá se vai o poeta, como Dante, ao Inferno. Quem aí o espera não é o virtuoso Virgílio, mas o "profundo e lívido" Baudelaire. De "cabeça triunfante, majestosa", o poeta de *As flores do mal* lembra uma efígie de Satã, em que se chocam o "voo para as incoercíveis regiões do Desconhecido" e as "supremas tristezas decadentes dos opulentos e contemplativos ocasos". Carregando nas imagens e sonoridades, o poeta vê nesta cabeça "a candidez elísea de um Santo" com a "extravagante, absurda e inquisidora intuição de um Demônio". A pena imposta a esta complexa figura do gênio poético é a de ter a alma nômade contida em um corpo prisioneiro de si mesmo. Esta condenação é análoga à de Satã no poema de Dante, prisioneiro de um movimento sem possibilidade de deslocamento, ou seja, no plano alegórico, de transcendência. No Inferno dantesco o Rei do Mal está preso em gelo e rochas, e apenas sua boca e suas asas se movem, produzindo estas o vento frio que, por sua vez, produz o gelo.

No Inferno de Cruz e Sousa a imobilidade solene de Baudelaire contrasta com a agitação, ao redor, dos demônios menores que riem e fazem cabriolas, como se estivessem numa farsa de Gil Vicente, embora entre tóraces contorcidos e cabelos revoltos. Entretanto, essa imobilidade é sinal de um grande passo, aquele que leva os poetas aos "excelsos caminhos dos inauditos desígnios".

Como Dante em sua viagem, o poeta, em seu sonho, interroga a sombra. Mas esta não lhe responde: ao contrário, é o interrogador que desata a fala. Cobre a sombra de imagens que hoje podem nos parecer tomadas de exagero: "nevoento aquário de *spleen*", "muçulmano do Tédio", dizendo perceber as "fascinadoras ondas febris e ambrosíacas da tua insana volúpia". Baudelaire responde sempre com o silêncio. Mas a seu lado algo flui: um óleo fumegante de uma árvore estranha. Neste óleo banham-se as almas meditativas dos sonhadores, "tantalizadas pelo Tédio".

Essa "evocação" de Cruz e Sousa lembra que os tempos da Grande Rebelião já passaram. O próprio Inferno evocado tem a contextura diáfana do sonho, e não passa de um "parque": o "parque das Sombras". Apesar de suas contorções e desalinhos, é um inferno domado que se nos apresenta, não um sonho grandioso ou um pesadelo perverso. Mas cabe ressaltar que o que apontei antes como "exagero" não é falta de técnica; pelo contrário, é técnica motivada e assumida. O caudal de imagens e de sonoridades instrui a percepção do tédio, e este mesmo tem algo de artificioso em sua construção. O texto e seu correr transbordante parecem estar no lugar de alguma coisa. Esse *algo* indefinível já passou, ou melhor, seu sentido se perdeu. A linguagem faz-se *opacidade*, e é dos poderes da linguagem que o poeta está falando, onde tudo, afirmação e negação, Deus e Satã, nostalgia da rebelião e melancolia do tédio, se entrelaça, compondo uma infindável frase de possibilidades infinitas a emanar de um caos do espírito, semelhante àquele "primitivo Caos, donde lenta e gradativamente se geraram as cores e as formas".

Esta é uma paixão plenamente verbal, e só verbal, pelo satanismo. As linhas gerais que a compõem, e que procurei caracterizar até aqui pelas variações com que Satã se apresenta (condenação ortodoxa, visão do tédio, nostalgia da rebelião, melancolia teatral) convergem e se entrelaçam no poema "A flor do Diabo", de *Faróis*. O título lembra *As flores do mal*, de Baudelaire, cuja presença é franca nos poemas de Cruz e Sousa.

Escrito em quartetos e decassílabos, em que proliferam aliterações sonoras e a repetição de palavras-chave, o poema se desdobra e ritmo tardo. Apresenta e reapresenta a criação, pelo senhor do mal, de uma flor associada à figura feminina. Esta flor é um "jasmim-do-Cabo". A expressão designa a gardênia e outra flor, também chamada de bela-emília. A primeira é conhecida por seus poderes aromáticos; a segunda e originária da África.

Para fazer a flor , o Diabo, velho "sábio dentre os sábios" tomou da "poeira quente das areias / das praias infinitas do Desejo". Ressoa nestas poucas linhas o mito clássico do nascimento de Vênus ou Afrodite, nascida da espuma do mar. Mas ao invés de ecoar aí a pujança do ato criador, o que se configura no poema é uma espécie de desencanto. Parece mais uma criação desiludida praticada por alguém que sente, na criatura, esvair-se seu próprio poder de criação. Dar-lhe, no poema, essências raras, "oscilantes infinitos" e "vaidades e graças femininas" é apenas um modo de intensificar a "melancolia das distâncias". Sofisticando esse sentimento, dá-lhe ainda o Diabo "uns toques ligeiros de ave esquiva / e uma auréola secreta de malícia".

Terminada a criação, o Diabo senil entrega-se ao pranto, congelado em "fundo de vitrais", em "frescos / de góticas capelas isoladas". Seus poderes parecem ter migrado para a criatura, deixando o velho Diabo mais despido do que o rei da anedota, condenado a ser uma metáfora da autocompaixão perdido em meio a obras de arte de um passado glorioso – uma ruína. Discernir a ironia da situação é essencial para compreender o significado.

A partir do gesto o criador o poema evoca o esplendor da criatura sem descrevê-la fisicamente, apenas evocando essa transmigração de poderes que se opera. Diante do seu criador esta expõe a radicalidade da sua independência, envolta em volúpia e vaidade. Criada, a criatura torna-se livre do criador e a ele volta apenas a sua opacidade. Segue seu destino, opondo-lhe aquilo mesmo que ele lhe deu: equivocidade e malícia. Há um verso no poema de sentido ambíguo que diz: "perdida a antiga ingenuidade dócil". No contexto, parece ser o criador que a perde, mas pode também ser a criatura, visto ser ela feminina e tal ingenuidade tradicionalmente atribuída ao gênero. Na verdade, ambos a perderam, e o poema, diante desse movimento que para um é mesmo perda e para a outra é ganho, afasta sua ironia de qualquer sarcasmo. Antes, move-se para uma compaixão piedosa, por ver o criador humilhado pelo abandono a que sua criação o condena.

A volubilidade do caráter concedido ao demônio no contexto destes poemas espelha a variação de ânimo da *persona* do próprio poeta quanto à sua criação. Ambos, personagem e poeta, ilustram a definição que o crítico italiano Mário Praz dá em relação a um dos perfis centrais da arte do fim do século passado, em seu livro *O pacto com a serpente*:

> "Ao melancólico da cena romântica sucede (...) um personagem moralmente incerto, não de todo mau nem de todo bom; é um estranho à sociedade em que vive, e não tem energia para uma rebelião aberta. Ou nem mesmo esta sombra de personalidade é o que sucede àquele

melancólico; pode ser um indivíduo do tipo receptivo, que tem a oferecer apenas uma sucessão de estados d'alma, frequentemente desconexos (...)".[1]

Mais adiante Praz caracteriza esse personagem como um neurótico. Definições psicológicas à parte, ele certamente caracteriza uma das preferências da nova sensibilidade estética então em implantação no Brasil, depois de firmada na França: a do Movimento ou Escola Simbolista.

Esta nova sensibilidade, numa paisagem em rápida transformação pela Segunda Revolução Industrial, diante de cidades que se modernizam eliminando os traços do passado, exige as paisagens do sonho, um culto à cisma, aos aspectos noturnos da alma humana, desaguando frequentemente no tédio como resposta ao mundo que se recobre de uma materialidade avassaladora. O velho Diabo do poema parece menos um contestador evocando mais o poder perdido de um deus deposto ou envelhecido, como Cronos ou Saturno. Nem mesmo o poder sobre o sexo feminino o socorre mais, lembrando essa imagem a de um momento em que se afirma uma nova independência da mulher, ainda que no Brasil isso se desse de modo timorato, nos marcos de uma sociedade fortemente patriarcal e de herança escravocrata muito próxima.

O Romantismo idealizara a imagem do poeta como um vate percursor situado entre a coletividade e o progresso da História; o Parnasianismo subsequente busca-

---

[1] Praz, Mário. *O pacto com a serpente*. México, Fondo de Cultura Económica, 1988, p. 448.

ra a devoção da arte pela arte como resposta a um mundo de crescente utilitarismo. Esta última escola trocara a sensibilidade melodiosa do verso romântico – de salão ou de oratória pública – pela percepção crescente da plasticidade das imagens, coisa adequada a um cenário urbano do fim do século em que se multiplicavam os artefatos visuais e os poderes da imprensa, ampliados pelas possibilidades das ilustrações em escala industrial. Firmava-se a fotografia e descobria-se o cinema; Rodin, na escultura, cobria suas formas com a dinâmica das almas. Crescia a ideia, acompanhada de admiração ou temor, de que a obra de arte ia se tornando um mero *objeto entre os demais*, também passível de multiplicação por técnicas de reprodução antes não sonhadas. Nesta atmosfera de mudança buscavam os simbolistas reafirmar a supremacia do espiritual sobre o material, do imagético sobre o plástico, do simbólico sobre o concreto, e do onírico sobre a objetividade, tudo isso num esforço de repensar a especificidade do objeto artístico e o papel próprio do artista.

Antes de ser propriamente uma escola literária, embora tivesse características de escola, o Simbolismo foi um movimento intelectual e artístico do final do século passado e começo deste, de grande amplitude e que atingiu várias artes: além da literatura, o teatro, a pintura, a música, entre outros. Seus adeptos, na busca de reafirmar o reino da subjetividade, teorizaram largamente sobre a arte. Claudel, Mallarmé, Verlaine, Rimbaud tiveram relação com o simbolismo ou foram seus mentores. Firmado na França, o movimento percorreu a Europa e a América. Despertou logo uma gama variada de entusiasmos na América Hispânica, onde, com seus colegas de espírito parnasiano, os simbolistas dividiram o nome de "modernistas". Participou o simbolismo de um movimento muito amplo de atualização da inteligência e da sensibilidade, e na América Latina, inclusive no Brasil, confundiu-se com os movimentos de modernização dos espíritos que buscavam inspiração na Europa, sobretudo na Paris, capital do século XIX, segundo a expressão de Walter Benjamin.

No Brasil a busca de uma modernização da sociedade também se fazia sentir. A partir do fim da década de 1960 avolumam-se os movimentos abolicionista e republicano. Os anos 1980 veem o triunfo do Naturalismo na ficção, do Parnasianismo em poesia. No teatro estão em declínio os dramas, melodramas e dramalhões românticos. Após a fértil mas breve aventura realista, afirma-se o mundo feérico dos espetáculos musicados, do *cancan*, do café-concerto, daquilo que na época chegou a se chamar *a farsa aparatosa*.

Abolida a escravidão em 1888 e proclamada a República em 1889, seguem-se decepções mais ou menos acentuadas e progressivas com as contradições do novo regime, envolto desde logo em denúncias de corrupção, em aventuras militaristas, como a do governo de Floriano Peixoto, em revoltas e repressões sangrentas, como a dos Federalistas no Rio Grande do Sul, da Armada no Rio de Janeiro, e a de Canudos no sertão da Bahia (mais tarde a do Contestado, em Santa Catarina). Forjava-se um novo pacto de elites, que levou à formação da República dos Coronéis, ou República Velha, que terá vigência até a revolta liderada por Vargas, em 1930. Os processos almejados de modernização – e entre eles o das letras também – vão de encontro a uma sociedade fortemente conservadora, de mentalidade ainda herdeira do escravismo, cujas elites concordavam em perder o controle das próprias mãos para qualquer aventureiro político, da caserna ou não, a fim de não comprometerem os anéis de seus privilégios.

É neste quadro de agitação, crise de valores e conservantismo triunfante, que cresce o poeta Cruz e Sousa. Negro, filho de gente que fora escrava, criado pelos ex-donos de índole generosa e paternal, plasma-se nele uma sensibilidade exacerbada, que encontra nos ditames da nova escola uma expressão adequada. Cruz e Sousa põe a nova escola em diálogo com a tradição brasileira. Guarda um resíduo romântico; desenvolve um preciosismo de linguagem e um rigor de forma que lembra os parnasianos, num ecletismo muito característico de nossas letras. Aí aparece seu satanismo, que por vezes parece um pouco de salão, cuja criação mais complexa me parece aquele velho Diabo deposto de sua grandeza passada, expressão das dúvidas, perplexidades e desilusões de um criador diante dos caminhos e sobretudo do mundo de suas criações.

Cruz e Sousa pôs-se desde logo à frente do novo movimento, que encontrou repercussão em todo o Brasil, e muito intenso no Paraná, Santa Catarina e Rio Grande do Sul, onde propiciava uma exuberância verbal distante do tom tropical generalizado. No grupo simbolista, em que se destacam, entre outros, Alphonsus de Guimaraens, Emiliano Perneta, Virgílio Várzea, Nestor Vítor, Francisca Júlia, Pedro Kilkerry, e a cujo clima não foi estranho Augusto dos Anjos, a poesia de Cruz e Sousa ocupou lugar bastante original. Cultivou o soneto e o rigor formal. Entregou-se à plasticidade das imagens, mas fazendo ressoar em seus versos uma melodiosidade por vezes até em excesso. Mas a plasticidade é onírica, de visões etéreas. A melodia se concentra nas aliterações, na repetição encantatória de palavras, como se o poema fosse um rito de magia cujo sentido se perdeu num mundo dessacralizado. Há um forte erotismo de contemplação em seus poemas, mas que, ao contrário dos de muitos parnasianos, não é estático nem de estatuária. A melodia dos versos dinamiza o mundo dos desejos, e o olhar quase acaricia o corpo feminino com as palavras que o descrevem. Há muita paixão pelo doentio, pelos aspectos torturantes de um desejo sempre insatisfeito, lembrado, muitas vezes, com a afetação de quem a encena vivamente, não de quem a vive intensamente. Há nestes poemas um pouco daquela mesma *malícia* que o Diabo teria posto em sua criatura: são estratégias de abordagem para seduzir e encantar o leitor através do estranho, do tortuoso, da riqueza da expressão, como a fazer vibrar os poderes da linguagem liberados pelo sonho e pelo descompromisso com o mundo da crua realidade objetiva. Vez por outra Cruz e Sousa revela-se um paisagista admirável, sobretudo de cenas marítimas e de encostas suaves que lembram, aqui e ali, sua "Desterro" natal, ou o "Rio de adoção". Fosse pintor, teríamos um impressionista com toques suaves de academicismo.

Neste mundo alveolar que criou para seu universo poético, Cruz e Sousa enveredou também pelos caminhos da espiritualidade, às vezes de um misticismo exaltado, de adoração pelo mistério religioso. Mas não é de uma fé afirmativa; seus poemas fogem quase sempre do assertivo e do categórico, preferindo a exaltação do visual e do sonoro. Quase sempre terminam como se tivessem reticências, deixando as últimas palavras a ressoar, como chave de ouro auditiva. Cobrem-se de crepúsculos, luares, reflexos. A presença obsessiva do branco em seus poemas fez muito crítico apontar-lhe uma fuga da condição de negro e até um absenteísmo em relação à sorte dos escravos e seus descendentes. É verdade que a presença do branco é uma obsessão. Mas é um branco onírico, álgido, de alvor noturno.[2] A noite é a presença maior nesta poesia, toda ela voltada para as horas mortas de meditação e cisma. Mas seria também um erro ver nessa noite qualquer metáfora de sua pele. Ela é metáfora da condição humana universal, do homem buscando um novo sentido para a existência em meio ao brilho triunfante, mas ilusório, da materialidade que o cerca. Como no final de "Monja negra", de *Faróis*:

> Hóstia negra e feral da comunhão dos mortos,
> noite criadora, mãe dos gnomos, dos vampiros,
> passageira senil dos encantados portos,
> ó cego sem bordão das torres dos suspiros...
>
> Abençoa meu ser, unge-o dos óleos castos,
> enche-o de turbilhões, de sonâmbulas aves,
> para eu me difundir nos teus Sacrários vastos,
> para me consolar com teus Silêncios graves.

---

2 Ambos os pontos de vista estão ressaltados nos estudos pioneiros de Roger Bastide sobre Cruz e Sousa, enquanto poeta brasileiro descendente de africanos; por exemplo, em "A nostalgia do branco" e "A poesia noturna de Cruz e Sousa", de *A poesia afro-brasileira*. São Paulo, Martins Editora, 1943.

Homero lírico de um tempo sem grandeza, o poeta fecha os olhos para as aparências e abre-os para o sonho. Mas tudo ainda é sonho, aparência, reflexo especular de algo que *ali está* mas cujo sentido se ocultou. Ao poeta resta acompanhar o desdobramento insólito deste *algo*, como se fora um misterioso fio de Ariadne do estado poético.

Sem dúvida, a espiritualidade de Cruz e Sousa possui uma dimensão cristã convencional. Mas ele convive dialeticamente com uma espécie de luxúria catedralesca da palavra, em que se misturam o lúbrico, o voluptuoso, de um erotismo erradio e meio sôfrego, algo de ébrio. Como no caso do satanismo, esta é uma ebriedade mitigada, pois parece frequentemente estar mais ébria de si do que do objeto erótico, vezo próprio do tempo.

Estamos longe dos áureos tempos do romantismo e de seus frenesis pelo Mal. Satã, o Mal, o erotismo mais retórico e pictórico do que desenfreado, compõem uma visão mais irônica do que outra coisa, sobre o presente, evocando poderes poéticos em risco de se perderem, e que apenas a malícia do poeta ao identificar-se com a liberdade da sua criatura, o poema, deixando arrastar-se por ela até os extremos da expressão, pode trazer à vida. Neste sentido, é claro, este poeta e este poema evocam aquele algo de satânico que existe em toda a arte, que, no fundo, pretende refazer a Criação, no todo ou em parte.

Em Cruz e Sousa há esta paixão pela perene recriação, coisa que faz de seus Satãs Sísifos do verbo, lutando contra a redução dos poderes criativos da linguagem à mera produção e reprodução de coisas entre outras coisas, numa vitrine sem fim de inutilidades. Seus poemas são ao mesmo tempo esconjuro e prece, exaltação e litania, alusão e súplica. Só que os deuses com que a poesia até então dialogava, mesmo como metáforas dos poderes da palavra, estavam cada vez mais distantes.

Décadas depois, o Modernismo brasileiro buscaria novos deuses com quem dialogar. Mas as lições do Simbolismo continuariam a ressoar na poesia brasileira, como nos poemas de Manuel Bandeira, Cecília Meireles e Mario Quintana.

Flávio Aguiar

POEMAS

BROQUÉIS (1893)

ANTÍFONA

Ó Formas alvas, brancas, Formas claras
de luares, de neves, de neblinas!...
Ó Formas vagas, fluidas, cristalinas...
Incensos dos turíbulos das aras...

Formas do Amor, constelarmente puras,
de Virgens e de Santas vaporosas...
Brilhos errantes, mádidas frescuras
e dolências de lírios e de rosas...

Indefiníveis músicas supremas,
harmonias da Cor e do Perfume...
Horas do Ocaso, trêmulas, extremas,
Réquiem do Sol que a Dor da Luz resume...

Visões, salmos e cânticos serenos,
surdinas de órgãos flébeis, soluçantes...
Dormências de volúpicos venenos
sutis e suaves, mórbidos, radiantes...

Infinitos espíritos dispersos,
inefáveis, edênicos, aéreos,
fecundai o Mistério destes versos
com a chama ideal de todos os mistérios.

Do Sonho as mais azuis diafaneidades
que fuljam, que na Estrofe se levantem
e as emoções, todas as castidades
da alma do Verso, pelos versos cantem.

Que o pólen de ouro dos mais finos astros
fecunde e inflame a rima clara e ardente...
Que brilhe a correção dos alabastros
sonoramente, luminosamente.

Forças originais, essência, graça
de carnes de mulher, delicadezas...
Todo esse eflúvio que por ondas passa
do Éter nas róseas e áureas correntezas...

SIDERAÇÕES

Para as estrelas de cristais gelados
as ânsias e os desejos vão subindo,
galgando azuis e siderais noivados
de nuvens brancas a amplidão vestindo...

Num cortejo de cânticos alados
os arcanjos, as cítaras ferindo,
passam, das vestes nos troféus prateados,
as asas de ouro finamente abrindo...

Dos etéreos turíbulos de neve
claro incenso aromal, límpido e leve,
ondas nevoentas de Visões levanta...

E as ânsias e os desejos infinitos
vão com os arcanjos formulando ritos
da Eternidade que nos Astros canta...

Cristais diluídos de clarões alacres,
desejos, vibrações, ânsias, alentos,
fulvas vitórias, triunfamentos acres,
os mais estranhos estremecimentos...

Flores negras do tédio e flores vagas
de amores vãos, tantálicos, doentios...
Fundas vermelhidões de velhas chagas
em sangue, abertas, escorrendo em rios...

Tudo! vivo e nervoso e quente e forte,
nos turbilhões quiméricos do Sonho,
passe, cantando, ante o perfil medonho
e o tropel cabalístico da Morte...

LUBRICIDADE

Quisera ser a serpe venenosa
que dá-te medo e dá-te pesadelos
para envolver-me, ó Flor maravilhosa,
nos flavos turbilhões dos teus cabelos.

Quisera ser a serpe veludosa
para, enroscada em múltiplos novelos,
saltar-te aos seios de fluidez cheirosa
e babujá-los e depois mordê-los...

Talvez que o sangue impuro e flamejante
do teu lânguido corpo de bacante,
da langue ondulação de águas do Reno

Estranhamente se purificasse...
Pois que um veneno de áspide vorace
deve ser morto com igual veneno...

MONJA

Ó Lua, Lua triste, amargurada,
fantasma de brancuras vaporosas,
a tua nívea luz ciliciada
faz murchecer e congelar as rosas.

Nas flóridas searas ondulosas,
cuja folhagem brilha fosforeada,
passam sombras angélicas, nivosas,
lua, Monja da cela constelada.

Filtros dormentes dão aos lagos quietos,
ao mar, ao campo, os sonhos mais secretos,
que vão pelo ar, noctâmbulos, pairando...

Então, ó Monja branca dos espaços,
parece que abre para mim os braços,
fria, de joelhos, trêmula, rezando...

CRISTO DE BRONZE

Ó Cristos de ouro, de marfim, de prata,
Cristos ideais, serenos, luminosos,
ensanguentados Cristos dolorosos
cuja cabeça a Dor e a Luz retrata.

Ó Cristos de altivez intemerata,
ó Cristos de metais estrepitosos
que gritam como os tigres venenosos
do desejo carnal que enerva e mata.

Cristos de pedra, de madeira e barro...
Ó Cristo humano, estético, bizarro,
amortalhado nas fatais injúrias...

Na rija cruz aspérrima pregado
canta o Cristo de bronze do Pecado,
ri o Cristo de bronze das luxúrias!...

BRAÇOS

Braços nervosos, brancas opulências,
brumais brancuras, fúlgidas brancuras,
alvuras castas, virginais alvuras,
latescências das raras latescências.

As fascinantes, mórbidas dormências
dos teus abraços de letais flexuras,
produzem sensações de agres torturas,
dos desejos as mornas florescências.

Braços nervosos, tentadoras serpes
que prendem, tetanizam como os herpes,
dos delírios na trêmula coorte...

Pompa de carnes tépidas e flóreas,
braços de estranhas correções marmóreas,
abertos para o Amor e para a Morte!

SONHO BRANCO

De linho e rosas brancas vais vestido,
sonho virgem que cantas no meu peito!...
És do Luar o claro deus eleito,
das estrelas puríssimas nascido.

Por caminho aromal, enflorescido,
alvo, sereno, límpido, direito,
segues radiante, no esplendor perfeito,
no perfeito esplendor indefinido...

As aves sonorizam-te o caminho...
E as vestes frescas, do mais puro linho
e as rosas brancas dão-te um ar nevado...

No entanto, ó Sonho branco de quermesse!
Nessa alegria em que tu vais, parece
que vais infantilmente amortalhado!

A DOR

Torva babel das lágrimas, dos gritos,
dos soluços, dos ais, dos longos brados,
a Dor galgou os mundos ignorados,
os mais remotos, vagos infinitos.

Lembrando as religiões, lembrando os ritos,
avassalara os povos condenados,
pela treva, no horror, desesperados,
na convulsão de Tântalos aflitos.

Por buzinas e trompas assoprando
as gerações vão todas proclamando
a grande Dor aos frígidos espaços...

E assim parecem, pelos tempos mudos,
raças de Prometeus titânios, rudos,
Brutos e colossais, torcendo os braços!

ENCARNAÇÃO

Carnais, sejam carnais tantos desejos,
carnais, sejam carnais tantos anseios,
palpitações e frêmitos e enleios,
das harpas da emoção tantos arpejos...

Sonhos, que vão, por trêmulos adejos,
à noite, ao luar, intumescer os seios
láteos, de finos e azulados veios
de virgindade, de pudor, de pejos...

Sejam carnais todos os sonhos brumos
de estranhos, vagos, estrelados rumos
onde as Visões do amor dormem geladas...

Sonhos, palpitações, desejos e ânsias
formem, com claridades e fragrâncias,
a encarnação das lívidas Amadas!

NOIVA DA AGONIA

Trêmula e só, de um túmulo surgindo,
aparição dos ermos desolados,
trazes na face os frios tons magoados
de quem anda por túmulos dormindo...

A alta cabeça no esplendor, cingindo
cabelos de reflexos irisados,
por entre auréolas de clarões prateados,
lembras o aspecto de um luar diluindo...

Não és, no entanto, a torva Morte horrenda,
atra, sinistra, gélida, tremenda,
que as avalanches da Ilusão governa...

Mas ah! és da Agonia a Noiva triste
que os longos braços lívidos abriste
para abraçar-me para a Vida eterna!

SATÃ

Capro e revel, com os fabulosos cornos
na fronte real de rei dos reis vetustos,
com bizarros e lúbricos contornos,
ei-lo Satã dentre Satãs augustos.

Por verdes e por báquicos adornos
vai c'roado de pâmpanos venustos
o deus pagão dos Vinhos acres, mornos,
Deus triunfador dos triunfadores justos.

Arcangélico e audaz, nos sóis radiantes,
à púrpura das glórias flamejantes,
alarga as asas de relevos bravos...

O Sonho agita-lhe a imortal cabeça...
E solta aos sóis e estranha e ondeada e espessa
canta-lhe a juba dos cabelos flavos!

BELEZA MORTA

De leve, louro e enlanguescido helianto
tens a flórea dolência constristada...
Há no teu riso amargo um certo encanto
de antiga formosura destronada.

No corpo, de um letárgico quebranto,
corpo de essência fina, delicada,
sente-se ainda o harmonioso canto
da carne virginal, clara e rosada.

Sente-se o canto errante, as harmonias
quase apagadas, vagas, fugidias
e uns restos de clarão de Estrela acesa...

Como que ainda os derradeiros haustos
de opulências, de pompas e de faustos,
as relíquias saudosas da beleza.

DEUSA SERENA

Espiritualizante Formosura
gerada nas Estrelas impassíveis,
deusa de formas bíblicas, flexíveis,
dos eflúvios da graça e da ternura.

Açucena dos vales da Escritura,
da alvura das magnólias marcessíveis,
branca Via Láctea das indefiníveis
brancuras, fonte da imortal brancura.

Não veio, é certo, dos pauis da terra
tanta beleza que o teu corpo encerra,
tanta luz de luar e paz saudosa...

Vem das constelações, do Azul do Oriente,
para triunfar maravilhosamente
da beleza mortal e dolorosa!

TULIPA REAL

Carne opulenta, majestosa, fina,
do sol gerado nos febris carinhos,
há músicas, há cânticos, há vinhos
na tua estranha boca sulferina.

A forma delicada e alabastrina
do teu corpo de límpidos arminhos
tem a frescura virginal dos linhos
e da neve polar e cristalina.

Deslumbramento de luxúria e gozo,
vem dessa carne o travo aciduloso
de um fruto aberto aos tropicais mormaços.

Teu coração lembra a orgia dos triclínios...
E os reis dormem bizarros e sanguíneos
na seda branca e pulcra dos teus braços.

APARIÇÃO

Por uma estrada de astros e perfumes
a Santa Virgem veio ter comigo:
doiravam-lhe o cabelo claros lumes
do sacrossanto resplendor antigo.

Dos olhos divinais no doce abrigo
não tinha laivos de Paixões e ciúmes:
Domadora do Mal e do perigo
da montanha da Fé galgara os cumes.

Vestida na alva excelsa dos Profetas
falou na ideal resignação de Ascetas,
que a febre dos desejos aquebranta.

No entanto os olhos dela vacilavam,
pelo mistério, pela dor flutuavam,
vagos e tristes, apesar de Santa!

FLOR DO MAR

És da origem do mar, vens do secreto,
do estranho mar espumaroso e frio
que põe rede de sonhos ao navio
e o deixa balouçar, na vaga, inquieto.

Possuis do mar o deslumbrante afeto,
as dormências nervosas e o sombrio
e torvo aspecto aterrador, bravio
das ondas no atro e proceloso aspecto.

Num fundo ideal de púrpuras e rosas
surges das águas mucilaginosas
como a lua entre a névoa dos espaços...

Trazes na carne o eflorescer das vinhas,
auroras, virgens músicas marinhas,
acres aromas de algas e sargaços...

REGENERADA

De mãos postas, à luz de frouxos círios
rezas para as Estrelas do Infinito,
para os Azuis dos siderais Empíreos
das Orações o doloroso rito.

Todos os mais recônditos martírios,
as angústias mortais, teu lábio aflito
soluça, em preces de luar e lírios,
num trêmulo de frases inaudito.

Olhos, braços e lábios, mãos e seios,
presos d'estranhos, místicos enleios,
já nas Mágoas estão divinizados.

Mas no teu vulto ideal e penitente
parece haver todo o calor veemente
da febre antiga de gentis Pecados.

SERPENTE DE CABELOS

A tua trança negra e desmanchada
por sobre o corpo nu, torso inteiriço,
claro, radiante de esplendor e viço,
ah! lembra a noite de astros apagada.

Luxúria deslumbrante e aveludada
através desse mármore maciço
da carne, o meu olhar nela espreguiço
felinamente, nessa trança ondeada.

E fico absorto, num torpor de coma,
na sensação narcótica do aroma,
dentre a vertigem túrbida dos zelos.

És a origem do Mal, és a nervosa
serpente tentadora e tenebrosa,
tenebrosa serpente de cabelos!...

ACROBATA DA DOR

Gargalha, ri, num riso de tormenta,
como um palhaço, que desengonçado,
nervoso, ri, num riso absurdo, inflado
de uma ironia e de uma dor violenta.

Da gargalhada atroz, sanguinolenta,
agita os guizos, e convulsionado
Salta, gavroche, salta *clown*, varado
pelo estertor dessa agonia lenta...

Pedem-te bis e um bis não se despreza!
Vamos! reteza os músculos, reteza
nessas macabras piruetas d'aço...

E embora caias sobre o chão, fremente,
afogado em teu sangue estuoso e quente,
ri! Coração, tristíssimo palhaço.

MAJESTADE CAÍDA

Esse cornoide deus funambulesco
em torno ao qual as Potestades rugem,
lembra os trovões, que tétricos estrugem,
no riso alvar de truão carnavalesco.

De ironias o momo picaresco
abre-lhe a boca e uns dentes de ferrugem,
verdes gengivas de ácida salsugem
mostra e parece um Sátiro dantesco.

Mas ninguém nota as cóleras horríveis,
os chascos, os sarcasmos impassíveis
dessa estranha e tremenda Majestade.

Do torvo deus hediondo, atroz, nefando,
senil, que embora, rindo, está chorando
os Noivados em flor da Mocidade!

INCENSOS

Dentre o chorar dos trêmulos violinos,
por entre os sons dos órgãos soluçantes
sobem nas catedrais os neblinantes
incensos vagos, que recordam hinos...

Rolos d'incensos alvadios, finos
e transparentes, fúlgidos, radiantes,
que elevam-se aos espaços, ondulantes,
em Quimeras e Sonhos diamantinos.

Relembrando turíbulos de prata
incensos aromáticos desata
teu corpo ebúrneo, de sedosos flancos.

Claros incensos imortais que exalam,
que lânguidas e límpidas trescalam
as luas virgens dos teus seios brancos.

FARÓIS (1900)

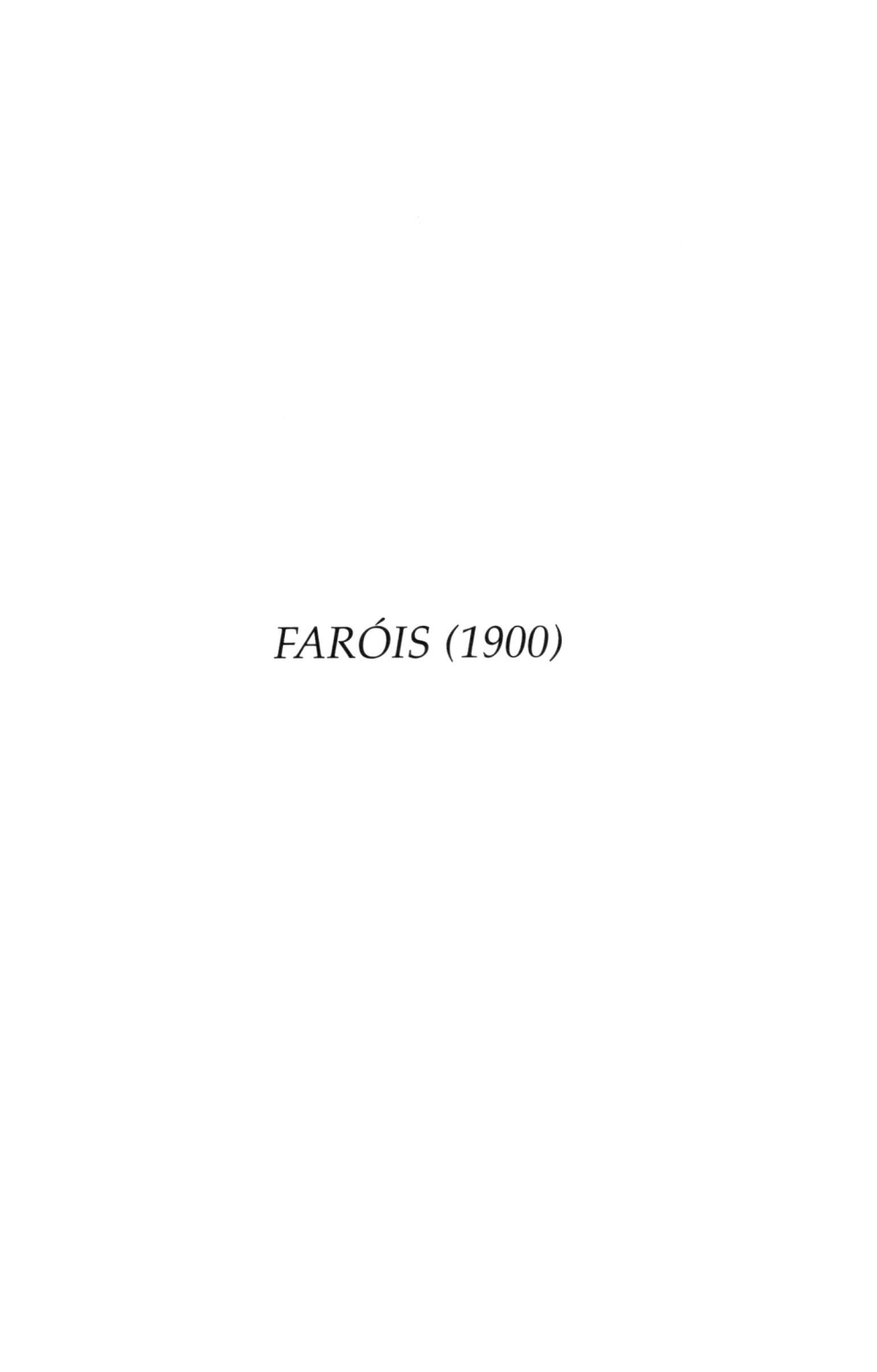

CANÇÃO DO BÊBADO

Na lama e na noite triste
aquele bêbado ri!
Tu'alma velha onde existe?
Quem se recorda de ti?

Por onde andam teus gemidos,
os teus noctâmbulos ais?
Entre os bêbados perdidos
quem sabe do teu — jamais?

Por que é que ficas à lua
contemplativo, a vagar?
Onde a tua noiva nua
foi tão depressa a enterrar?

Que flores de graça doente
tua fronte vem florir
que ficas amargamente
bêbado, bêbado a rir?

Que vês tu nessas jornadas?
Onde está o teu jardim
e o teu palácio de fadas,
meu sonâmbulo arlequim?

De onde trazes essa bruma,
toda essa névoa glacial
de flor de lânguida espuma,
regada de óleo mortal?

Que soluço extravagante,
que negro, soturno fel
põe no teu ser doudejante
a confusão da Babel?

Ah! das lágrimas insanas
que ao vinho misturas bem,
que de visões sobre-humanas
tua alma e teus olhos têm!

Boca abismada de vinho,
olhos de pranto a correr,
bendito seja o carinho
que já te faça morrer!

Sim! Bendita a cova estreita,
mais larga que o mundo vão,
que possa conter direita
a noite do teu caixão!

A FLOR DO DIABO

Branca e floral como um jasmim-do-cabo
maravilhosa ressurgiu um dia
a fatal Criação do fulvo Diabo,
eleita do pecado e da Harmonia.

Mais do que tudo tinha um ar funesto,
embora tão radiante e fabulosa.
Havia sutileza no seu gesto
de recordar uma serpente airosa.

Branca, surgindo das vermelhas chamas
do Inferno inquisidor, corrupto e langue,
ela lembrava, Flor de excelsas famas,
a Via Láctea sobre um mar de sangue.

Foi num momento de saudade e tédio,
de grande tédio e singular Saudade,
que o Diabo, já das culpas sem remédio,
para formar a egrégia majestade,

gerou, da poeira quente das areias
das praias infinitas do Desejo,
essa langue sereia das sereias,
desencantada com o calor de um beijo.

Sobre galpões de sonho os seus palácios
tinham bizarros e galhardos luxos.
Mais grave de eloquência que os Horácios,
vivia a vida dos perfeitos bruxos.

Sono e preguiça, mais preguiça e sono,
luxúrias de nababo e mais luxúrias,
moles coxins de lânguido abandono
por entre estranhas florações purpúreas.

Às vezes, sob o luar, nos rios mortos,
na vaga ondulação dos lagos frios,
boiavam diabos de chavelhos tortos,
e de vultos macabros, fugidios.

A lua dava sensações inquietas
às paisagens avérnicas em torno
e alguns demônios com perfis de ascestas
dormiam no luar um sono morno...

Foi por horas de Cisma, horas etéreas
de magia secreta e triste, quando
nas lagoas letíficas, sidéreas,
o cadáver da lua vai boiando...

Foi numa dessas noites taciturnas
que o velho Diabo, sábio dentre os sábios,
desencantado o seu poder das furnas,
com o riso augusto a flamejar nos lábios,

formou a flor de encantos esquisitos
e de essências esdrúxulas e finas,
pondo nela oscilantes infinitos
de vaidades e graças femininas.

E deu-lhe a quint'essência dos aromas,
sonoras harpas de alma, extravagâncias,
pureza hostial de púbere de pomas,
toda a melancolia das distâncias...

Para haver mais requinte e haver mais viva,
doce beleza e original carícia,
deu-lhe uns toques ligeiros de ave esquiva
e uma auréola secreta de malícia.

Mas hoje o Diabo já senil, já fóssil,
da sua Criação desiludido,
perdida a antiga ingenuidade dócil,
chora um pranto noturno e Vencido.

Como do fundo de vitrais, de frescos
de góticas capelas isoladas,
chora e sonha com mundos pitorescos,
na nostalgia das Regiões Sonhadas.

PANDEMONIUM

A Maurício Jubim

Em fundo de tristeza e de agonia
o teu perfil passa-me noite e dia.

Aflito, aflito, amargamente aflito,
num gesto estranho que parece um grito.

E ondula e ondula e palpitando vaga,
como profunda, como velha chaga.

E paira sobre ergástulos e abismos
que abrem as bocas cheias de exorcismos.

Com os olhos vesgos, a flutuar de esguelha,
segue-te atrás uma visão vermelha.

Uma visão gerada do teu sangue
quando no Horror te debateste exangue,

Uma visão que é tua sombra pura
rodando na mais trágica tortura.

A sombra dos supremos sofrimentos
que te abalaram como negros ventos.

E a sombra as tuas voltas acompanha
sangrenta, horrível, assombrosa, estranha.

E o teu perfil no vácuo perpassando
vê rubros caracteres flamejando.

Vê rubros caracteres singulares
de todos os festins de Baltazares.

Por toda a parte escrito em fogo eterno:
Inferno! Inferno! Inferno! Inferno! Inferno!

E os emissários espectrais das mortes
abrindo as grandes asas flamifortes...

E o teu perfil oscila, treme, ondula,
pelos abismos eternais circula...

Circula e vai gemendo e vai gemendo
e suspirando outro suspiro horrendo.

E a sombra rubra que te vai seguindo
também parece ir soluçando e rindo.

Ir soluçando, de um soluço cavo
que dos venenos traz o torvo travo.

Ir soluçando e rindo entre vorazes
satanismos diabólicos, mordazes.

E eu já nem sei se é realidade ou sonho
do teu perfil o divagar medonho.

Não sei se é sonho ou realidade todo
esse acordar de chamas e de lodo.

Tal é a poeira extrema confundida
da morte a raios de ouro de outra Vida.

Tais são as convulsões do último arranco
presas a um sonho celestial e branco.

Tais são os vagos círculos inquietos
dos teus giros de lágrimas secretos.

Mas, de repente, eis que te reconheço,
sinto da tua vida o amargo preço.

Eis que te reconheço escravizada,
divina Mãe, na Dor acorrentada.

Que reconheço a tua boca presa
pela mordaça de uma sede acesa.

Presa, fechada pela atroz mordaça
dos fundos desesperos da Desgraça.

Eis que lembro os teus olhos visionários
cheios do fel de bárbaros Calvários.

E o teu perfil asas abrir parece
para outra Luz onde ninguém padece...

Com doçuras feéricas e meigas
de Satãs juvenis, ao luar, nas veigas.

E o teu perfil forma um saudoso vulto
como de Santa sem altar, sem culto.

Forma um vulto saudoso e peregrino
de força que voltou ao seu destino.

De ser humano que sofrendo tanto
purificou-se nos Azuis do Encanto.

Subiu, subiu e mergulhou sozinho,
desamparado, no letal caminho.

Que lá chegou transfigurado e aéreo,
com os aromas das flores do Mistério.

Que lá chegou e as mortas portas mudas
fez abalar as imprecações agudas...

E vai e vai o teu perfil ansioso,
de ondulações fantásticas, brumoso.

E vai perdido e vai perdido, errante,
trêmulo, triste, vaporoso, ondeante.

Vai suspirando, num suspiro vivo
que palpita nas sombras incisivo...

Um suspiro profundo, tão profundo
que arrasta em si toda a paixão do mundo.

Suspiro de martírio, de ansiedade,
de alívio, de mistério, de saudade.

Suspiro imenso, aterrador e que erra
por tudo e tudo eternamente aterra...

O *pandemonium* de suspiros soltos
dos condenados corações revoltos.

Suspiro dos suspiros ansiados
que rasgam peitos de dilacerados.

E mudo e pasmo e compungido e absorto,
vendo o teu lento e doloroso giro,
fico a cismar qual é o rio morto
onde vai divagar esse suspiro.

ENVELHECER

Flor de indolência, fina e melindrosa,
cativante sereia da esperança,
cedo tiveste a crença dolorosa
de quanto a vida é velha e como cansa...

Na lânguida, na morna morbideza
do teu amargo e triste celibato,
tu te fechaste para a Natureza
como a lua no célico recato.

No fundo delicado dos teus seios
foste esconder os sentimentos vagos,
e todos os dolentes devaneios
das estrelas sonhando à flor dos lagos.

Todas as altas celas de ouro e prata
de teu claustro de Virgem sem afeto
fecharam sobre tu'alma timorata
austeras portas, com fragor secreto.

No entanto, havia no teu corpo ondeante
as delícias sutis de um céu fugace...
E era talvez o encanto mais picante
a graça aldeã do teu nariz rapace.

Teus olhos tinham certa mágoa nobre
e certo fundo de doirado abismo
e a malícia que logo se descobre
em olhos de felino narcotismo.

Mas na boca trazias todo o oculto
toque sombrio de ironia grave...
E como que as belezas do teu vulto
abriam asas peregrinas de ave.

Tinhas na boca esse elixir ardente
da volúpia mortal dos gozos e essa
chama de boca, feita unicamente
para no gozo envelhecer depressa.

E envelheceste tanto, muito cedo,
sumiu-se tão depressa o teu encanto,
foi tão falaz o sedutor segredo
do teu carnal e lânguido quebranto!

Envelheceste para os vãos idílios,
para os estranhos estremecimentos,
para os brilhos iriantes dos teus cílios
e para os sepulcrais esquecimentos.

Envelheceste para os vãos amores,
e para os olhos, para as mãos que abrias
como dois talismãs de brancas flores
e de leves e doces harmonias...

Presa, sem ar, sem sol, crepusculada
no celibato que não tem perfume
de todo envelheceste abandonada,
já como um ser que não provoca ciúme.

Envelhecer é reduzir a vida
a sentimentos de tristeza austera,
enclausurá-la numa grave ermida
de luto e de silêncio sem quimera.

E envelhecer na juventude flórea,
do celibato emurchecido lírio,
é ficar sob os pálios da ilusória
melancolia, como a luz de um círio...

Envelhecer assim, virgem e forte,
é cerrar contra o mundo a rósea porta
do amor e apenas esperar a Morte,
a alma já muda, há muito tempo morta.

Envelheces de tédio, de cansaço,
de ilusões e de cismas e de penas,
como envelhece no celeste espaço
o turbilhão das estrelas serenas.

O Amor os corações fez interditos
ao teu magoado coração cativo
e apagou-te os sublimes infinitos
do seu clarão fecundador e vivo.

Hoje envelheces na clausura imensa,
dentro de um sonho pálido feneces.
Tua beleza veste névoa densa,
em surdinas e sombras envelheces.

De pranto e luar, num desolado misto,
cai a noite na tua puberdade
e como a Rediviva do Imprevisto,
erras e sonhas pela Eternidade!

FLORES DA LUA

Brancuras imortais da Lua Nova,
frios de nostalgia e sonolência...
Sonhos brancos da Lua e viva essência
dos fantasmas noctívagos da Cova.

Da noite a tarda e taciturna trova
soluça, numa trêmula dormência...
Na mais branda, mais leve florescência
tudo em Visões e Imagens se renova.

Mistérios virginais dormem no Espaço,
dormem o sono das profundas seivas,
monótono, infinito, estranho e lasso...

E das Origens da luxúria forte
abrem nos astros, nas sidéreas leivas
flores amargas do palor da Morte.

SEM ESPERANÇA

Ó cândidos fantasmas da Esperança,
meigos espectros do meu vão Destino,
volvei a mim nas leves ondas do Hino
Sacramental de Bem-aventurança.

Nas veredas da vida a alma não cansa
de vos buscar pelo Vergel divino
do céu sempre estrelado e diamantino
onde toda a alma no Perdão descansa.

Na volúpia da dor que me transporta,
que este meu ser transfunde nos Espaços,
sinto-te longe, ó Esperança morta.

E em vão alongo os vacilantes passos
à procura febril da tua porta,
da ventura celeste dos teus braços.

RÉQUIEM DO SOL

Águia triste do Tédio, sol cansado,
velho guerreiro das batalhas fortes!
Das Ilusões as trêmulas coortes
buscam a luz do teu clarão magoado...

A tremenda avalanche do Passado
que arrebatou tantos milhões de mortes
passa em tropel de trágicos Mavortes
sobre o teu coração ensanguentado...

Do alto dominas vastidões supremas,
águia do Tédio presa nas algemas
da Legenda imortal que tudo engelha...

Mas lá, na Eternidade, de onde habitas,
vagam finas tristezas infinitas,
todo o mistério da beleza velha!

VIOLÕES QUE CHORAM...

Ah! plangentes violões dormentes, mornos,
soluços ao luar, choros ao vento...
Tristes perfis, os mais vagos contornos,
bocas murmurejantes de lamento.

Noites de além, remotas, que eu recordo,
noites da solidão, noites remotas
que nos azuis da Fantasia bordo,
vou constelando de visões ignotas.

Sutis palpitações à luz da lua,
anseio dos momentos mais saudosos,
quando lá choram na deserta rua
as cordas vivas dos violões chorosos.

Quando os sons dos violões vão soluçando,
quando os sons dos violões nas cordas gemem,
e vão dilacerando e deliciando,
rasgando as almas que nas sombras tremem.

Harmonias que pungem, que laceram,
dedos nervosos e ágeis que percorrem
cordas e um mundo de dolências geram,
gemidos, prantos, que no espaço morrem...

E sons soturnos, suspiradas mágoas,
mágoas amargas e melancolias,
no sussurro monótono das águas,
noturnamente, entre ramagens frias.

Vozes veladas, veludosas vozes,
volúpias dos violões, vozes veladas,
vagam nos velhos vórtices velozes
dos ventos, vivas, vãs, vulcanizadas.

Tudo nas cordas dos violões ecoa
e vibra e se contorce no ar, convulso...
Tudo na noite, tudo clama e voa
sob a febril agitação de um pulso.

Que esses violões nevoentos e tristonhos
são ilhas de degredo atroz, funéreo,
para onde vão, fatigadas do sonho,
almas que se abismaram no mistério.

Sons perdidos, nostálgicos, secretos,
finas, diluídas, vaporosas brumas,
longo desolamento dos inquietos
navios a vagar à flor de espumas.

Oh! languidez, languidez infinita,
nebulosas de sons e de queixumes,
vibrado coração de ânsia esquisita
e de gritos felinos de ciúmes!

Que encantos acres nos vadios rotos
quando em toscos violões, por lentas horas,
vibram, com a graça virgem dos garotos,
um concerto de lágrimas sonoras!

Quando uma voz, em trêmulos, incerta,
palpitando no espaço, ondula, ondeia,
e o canto sobe para a flor deserta
soturna e singular da lua cheia.

Quando as estrelas mágicas florescem,
e no silêncio astral da Imensidade
por lagos encantados adormecem
as pálidas ninfeias da Saudade!

Como me embala toda essa pungência,
essas lacerações como me embalam,
como abrem asas brancas de clemência
as harmonias dos violões que falam!

Que graça ideal, amargamente triste,
nos lânguidos bordões plangendo passa...
Quanta melancolia de anjo existe
nas visões melodiosas dessa graça.

Que céu, que inferno, que profundo inferno,
que ouros, que azuis, que lágrimas, que risos,
quanto magoado sentimento eterno
nesses ritmos trêmulos e indecisos...

Que anelos sexuais de monjas belas
nas ciliciadas carnes tentadoras,
vagando no recôndito das celas,
por entre as ânsias dilaceradoras...

Quanta plebeia castidade obscura
vegetando e morrendo sobre a lama,
proliferando sobre a lama impura,
como em perpétuos turbilhões de chama.

Que procissão sinistra de caveiras,
de espectros, pelas sombras mortas, mudas...
Que montanhas de dor, que cordilheiras
de agonias aspérrimas e agudas.

Véus neblinosos, longos véus de viúvas
enclausuradas nos ferais desterros,
errando aos sóis, aos vendavais e às chuvas,
sob abóbadas lúgubres de enterros;

velhinhas quedas e velhinhos quedos,
cegas, cegos, velhinhas e velhinhos,
sepulcros vivos de senis segredos,
eternamente a caminhar sozinhos;

e na expressão de quem se vai sorrindo,
com as mãos bem juntas e com os pés bem juntos
e um lenço preto o queixo comprimindo,
passam todos os lívidos defuntos...

E como que há histéricos espasmos
na mão que esses violões agita, largos...
E o som sombrio é feito de sarcasmos
e de sonambulismos e letargos.

Fantasmas de galés de anos profundos
na prisão celular atormentados,
sentindo nos violões os velhos mundos
da lembrança fiel de áureos passados;

meigos perfis de tísicos dolentes
que eu vi dentre os violões errar gemendo,
prostituídos de outrora, nas serpentes
dos vícios infernais desfalecendo;

tipos intonsos, esgrouviados, tortos,
das luas tardas sob o beijo níveo,
para os enterros dos seus sonhos mortos
nas queixas dos violões buscando alívio;

corpos frágeis, quebrados, doloridos,
frouxos, dormentes, adormidos, langues
na degenerescência dos vencidos
de toda a geração, todos os sangues;

marinheiros que o mar tornou mais fortes,
como que feitos de um poder extremo
para vencer a convulsão das mortes,
dos temporais o temporal supremo;

veteranos de todas as campanhas,
enrugados por fundas cicatrizes,
procuram nos violões horas estranhas,
vagos aromas, cândidos, felizes.

Ébrios antigos, vagabundos velhos,
torvos despojos da miséria humana,
têm nos violões secretos Evangelhos,
toda a Bíblia fatal da dor insana.

Enxovalhados, tábidos palhaços
de carapuças, máscaras e gestos
lentos e lassos, lúbricos, devassos,
lembrando a florescência dos incestos;

todas as ironias suspirantes
que ondulam no ridículo das vidas,
caricaturas tétricas e errantes
dos malditos, dos réus, dos suicidas;

toda essa labiríntica nevrose
das virgens nos românticos enleios;
os ocasos do Amor, toda a clorose
que ocultamente lhes lacera os seios;

toda a mórbida música plebeia
de requebros de faunos e ondas lascivas;
a langue, mole e morna melopeia
das valsas alanceadas, convulsivas;

tudo isso, num grotesco desconforme,
em ais de dor, em contorsões de açoites,
revive nos violões, acorda e dorme
através do luar das meias noites!

OLHOS DO SONHO

Certa noite soturna, solitária,
vi uns olhos estranhos que surgiam
do fundo horror da terra funerária
onde as visões sonâmbulas dormiam...

Nunca da terra neste leito raso
com meus olhos mortais, alucinados...
Nunca tais olhos divisei acaso
outros olhos eu vi transfigurados.

A luz que os revestia e alimentava
tinha o fulgor das ardentias vagas,
um demônio noctâmbulo espiava
de dentro deles como de ígneas plagas.

E os olhos caminhavam pela treva
maravilhosos e fosforescentes...
Enquanto eu ia como um ser que leva
pesadelos fantásticos, trementes...

Na treva só os olhos, muito abertos,
seguiam para mim com majestade,
um sentimento de cruéis desertos
me apunhalava com atrocidade.

Só os olhos eu via, só os olhos
nas cavernas da treva destacando:
faróis de augúrio nos ferais escolhos,
sempre, tenazes, para mim olhando...

Sempre tenazes para mim, tenazes,
sem pavor e sem medo, resolutos,
olhos de tigres e chacais vorazes
no instante dos assaltos mais astutos.

Só os olhos eu via! — o corpo todo
se confundia com o negror em volta...
Ó alucinações fundas do lodo
carnal, surgindo em tenebrosa escolta!

E os olhos me seguiam sem descanso,
numa perseguição de atras voragens,
nos narcotismos dos venenos mansos,
como dois mundos e sinistros pajens.

E nessa noite, em todo meu percurso,
nas voltas vagas, vãs e vacilantes
do meu caminho, esses dois olhos de urso
lá estavam tenazes e constantes.

Lá estavam eles, fixamente eles,
quietos, tranquilos, calmos e medonhos...
Ah! quem jamais penetrará naqueles
olhos estranhos dos eternos sonhos!

ENCLAUSURADA

Ó monja dos estranhos sacrifícios,
meu amor imortal, Ave de garras
e asas gloriosas, triunfais, bizarras,
alquebradas ao peso dos cilícios.

Reclusa flor que os mais revéis flagícios
abalaram com as trágicas fanfarras,
quando em formas exóticas de jarras
teu corpo tinha a embriaguez dos vícios.

Para onde foste, ó graça das mulheres,
graça viçosa dos vergéis de Ceres
sem que o meu pensamento te persiga?!

Por onde eternamente enclausuraste
aquela ideal delicadeza de haste,
de esbelta e fina ateniense antiga?!

MÚSICA DA MORTE

A música da Morte, a nebulosa,
estranha, imensa música sombria,
passa a tremer pela minh'alma e fria
gela, fica a tremer, maravilhosa...

Onda nervosa e atroz, onda nervosa,
letes sinistro e torvo da agonia,
recresce a lancinante sinfonia,
sobe, numa volúpia dolorosa...

Sobre, recresce, tumultuando e amarga,
tremenda, absurda, imponderada e larga,
de pavores e trevas alucina...

E alucinando e em trevas delirando,
como um ópio letal, vertiginando,
os meus nervos, letárgica, fascina...

MONJA NEGRA

É teu esse espaço, é teu todo o Infinito,
transcendente Visão das lágrimas nascida,
bendito o teu sentir, para sempre bendito
todo o teu divagar na Esfera indefinida!

Através de teu luto as estrelas meditam
maravilhosamente e vaporosamente;
como olhos celestiais dos Arcanjos nos fitam
lá do fundo negror do teu luto plangente.

Almas sem rumo já, corações sem destino
vão em busca de ti, por vastidões incertas...
E no teu sonho astral, mago e luciferino,
encontram para o amor grandes portas abertas.

Cândida Flor que aroma e tudo purifica,
trazes sempre contigo as sutis virgindades
e uma caudal preciosa, interminável, rica,
de raras sugestões e curiosidades.

As belezas do mito, as grinaldas de louro,
os priscos ouropéis, os símbolos já vagos,
tudo forma o painel de um velho fundo de ouro
de onde surges enfim como as visões dos lagos.

Certa graça cristã, certo excelso abandono
de Deusa que emigrou de regiões de outrora,
certo aéreo sentir de esquecimento e outono,
trazem-te as emoções de quem medita e chora.

És o imenso crisol, és o crisol profundo
onde se cristalizam todas as belezas,
és o néctar da Fé, de que eu melhor me inundo,
ó néctar divinal das místicas purezas.

Ó Monja soluçante! Ó Monja soluçante,
ó Monja do Perdão, da paz e da clemência,
leva para bem longe este Desejo errante,
desta febre letal toda secreta essência.

Nos teus golfos de Além, nos lagos taciturnos,
nos pélagos sem fim, vorazes e medonhos,
abafa para sempre os soluços noturnos,
e as dilacerações dos formidáveis Sonhos!

Não sei que Anjo fatal, que Satã fugitivo,
que gênios infernais, magnéticos, sombrios,
deram-te as amplidões e o sentimento vivo
do mistério com todos os seus calafrios...

A lua vem te dar mais trágica amargura,
e mais desolação e mais melancolia,
e as estrelas, do céu na Eucaristia pura,
têm a mágoa velada da Virgem Maria.

Ah! Noite original, noite desconsolada,
Monja da solidão, espiritual e augusta,
onde fica o teu reino, a região vedada,
a região secreta, a região vetusta?!

Almas dos que não têm o Refúgio supremo
de altas contemplações, dos mais altos mistérios,
vinde sentir a Noite o Isolamento extremo,
os fluidos imortais, angelicais, etéreos.

Vinde ver como são mais castos e mais belos,
mais puros que os do dia os noturnos vapores:
por toda a parte no ar levantam-se castelos
e nos parques do céu há quermesses de amores.

Volúpias, seduções, encantos feiticeiros
andam a embalsamar teu seio tenebroso
e as águias da Ilusão, de voos altaneiros,
crivam de asas triunfais o horizonte onduloso.

Cavaleiros do Ideal, de erguida lança em riste,
sonham, a percorrer teus velhos Paços cavos...
E esse nobre esplendor de majestade triste
recebe outros lauréis mais bizarros e bravos.

Convulsivas paixões, convulsivas nevroses,
recordações senis nos teus aspectos vagam,
mil alucinações, mortas apoteoses
e mil filtros sutis que mornamente embriagam.

Ó grande Monja negra e transfiguradora,
magia sem igual dos páramos eternos,
quem assim te criou, selvagem Sonhadora,
da carícia de céus e de negror d'infernos?

Quem auréolas te deu assim miraculosas
e todo o estranho assombro e todo o estranho medo,
quem pôs na tua treva ondulações nervosas,
e mudez e silêncio e sombras e segredo?

Mas ah! quanto consolo andar errando, errando,
perdido no teu Bem, perdido nos teus braços,
nos noivados da Morte andar além sonhando,
na unção sacramental dos teus negros Espaços!

Que glorioso troféu andar assim perdido
na larga vastidão do mudo firmamento,
na noite virginal ocultamente ungido,
nas transfigurações do humando sentimento!

Faz descer sobre mim os brandos véus da calma,
sinfonia da Dor, ó Sinfonia muda,
vos de todo o meu Sonho, ó noiva da minh'alma,
fantasma inspirador das Religiões de Buda.

Ó negra Monja triste, ó grande Soberana,
tentadora Visão que me seduzes tanto,
abençoa meu ser no teu doce Nirvana,
no teu Sepulcro ideal de desolado encanto!

Hóstia negra e feral da comunhão dos mortos,
noite criadora, mãe dos gnomos, dos vampiros,
passageira senil dos encantados portos,
ó cego sem bordão da torre dos suspiros...

Abençoa meu ser, unge-o dos óleos castos,
enche-o de turbilhões de sonâmbulas aves,
para eu me difundir nos teus Sacrários vastos,
para me consolar com os teus Silêncios graves.

VISÃO

Noiva de Satanás, Arte maldita,
mago Fruto letal e proibido,
sonâmbula do Além, do Indefinido
das profundas paixões, Dor infinita.

Astro sombrio, luz amarga e aflita,
das Ilusões tantálico gemido,
Virgem da Noite, do luar dorido,
com toda a tua Dor oh! sê bendita!

Seja bendito esse clarão eterno
de sol, de sangue, de veneno e inferno,
de guerra e amor e ocasos de saudades...

Sejam benditas, imortalizadas
as almas castamente amortalhadas
na tua estranha e branca Majestade!

MEU FILHO

Ah! quanto sentimento! ah! quanto sentimento!
sob a guarda piedosa e muda das Esferas
dorme, calmo, embalado pela voz do vento,
frágil e pequenino e tenro como as heras.

Ao mesmo tempo suave e ao mesmo tempo estranho
o aspecto do meu filho assim meigo dormindo...
Vem dele tal frescura e tal sonho tamanho
que eu nem mesmo já sei tudo que vou sentindo.

Minh'alma fica presa e se debate ansiosa,
em vão soluça e clama, eternamente presa
no segredo fatal dessa flor caprichosa,
do meu filho, a dormir, na paz da Natureza.

Minh'alma se debate e vai gemendo aflita
no fundo turbilhão de grandes ânsias mudas:
que esse tão pobre ser, de ternura infinita,
mais tarde irá tragar os venenos de Judas!

Dar-lhe eu beijos, apenas, dar-lhe, apenas, beijos,
carinhos dar-lhe sempre, efêmeros, aéreos,
o que vale tudo isso para outros desejos,
o que vale tudo isso para outros mistérios?!

De sua doce mãe que em prantos o abençoa
com o mais profundo amor, arcangelicamente,
de sua doce mãe, tão límpida, tão boa,
o que vale esse amor, todo esse amor veemente?!

O longo sacrifício extremo que ela faça,
as vigílias sem nome, as orações sem termo,
quando as garras cruéis e horríveis da Desgraça
de sadio que ele é, fazem-no fraco e enfermo?!

Tudo isso, ah! Tudo isso, ah! quanto vale tudo isso
se outras preocupações mais fundas me laceram,
se a graça de seu riso e a graça do seu viço
são as flores mortais que meu tormento geram?!

Por que tantas prisões, por que tantas cadeias
quando a alma quer voar nos páramos liberta?
Ah! Céus! Quem me revela essas Origens cheias
de tanto desespero e tanta luz incerta!

Quem me revela, pois, todo o tesouro imenso
desse imenso Aspirar tão entranhado, extremo!
Quem descobre, afinal, as causas do que eu penso,
as causas do que eu sofro, as causas do que eu gemo!

Pois então hei de ter um afeto profundo,
um grande sentimento, um sentimento insano
e hei de vê-lo rolar, nos turbilhões do mundo,
para a vala comum de eterno Desengano?!

Pois esse filho meu que ali no berço dorme,
ele mesmo tão casto e tão sereno e doce
vem para ser na Vida o vão fantasma enorme
das dilacerações que eu na minh'alma trouxe?!

Ah! Vida! Vida! Vida! Incendiada tragédia,
transfigurado Horror, Sonho transfigurado,
macabras contorções de lúgubre comédia
que um cérebro de louco houvesse imaginado!

Meu filho que eu adoro e cubro de carinhos,
que do mundo vilão ternamente defendo,
há de mais tarde errar por tremedais e espinhos
sem que o possa acudir no suplício tremendo.

Que eu vagarei por fim nos mundos invisíveis,
nas diluentes visões dos largos Infinitos,
sem nunca mais ouvir os clamores horríveis,
a mágoa dos seus ais e os ecos dos seus gritos.

Vendo-o no berço assim, sinto muda agonia,
um misto de ansiedade, um misto de tortura.
Subo e pairo dos céus na estrelada harmonia
e desço e entro do Inferno a furna hórrida, escura.

E sinto sede intensa e intensa febre, tanto,
tanto Azul, tanto abismo atroz que me deslumbra.
Velha saudade ideal, monja de amargo Encanto,
desce por sobre mim sua estranha penumbra.

Tu não sabes, jamais, tu nada sabes, filho,
do tormentoso Horror, tu nada sabes, nada...
o teu caminho é claro, é matinal de brilho,
não conheces a sombra e os golpes da emboscada.

Nesse ambiente de amor onde dormes teu sono
não sentes nem sequer o mais ligeiro espectro...
mas, ah! eu vejo bem, sinistra, sobre o trono,
a Dor, a eterna Dor, agitando o seu cetro!

LITANIA DOS POBRES

Os miseráveis, os rotos
são as flores dos esgotos.

São espectros implacáveis
os rotos, os miseráveis.

São prantos negros de furnas
caladas, mudas, soturnas.

São os grandes visionários
dos abismos tumultuários.

As sombras das sombras mortas,
cegos, a tatear nas portas.

Procurando o céu, aflitos
e varando o céu de gritos.

Faróis à noite apagados
por ventos desesperados.

Inúteis, cansados braços
pedindo amor aos Espaços.

Mãos inquietas, estendidas
ao vão deserto das vidas.

Figuras que o Santo Ofício
condena a feroz suplício.

Arcas soltas ao nevoento
dilúvio do Esquecimento.

Perdidas na correnteza
das culpas da Natureza.

Ó pobres! Soluços feitos
dos pecados imperfeitos!

Arrancadas amarguras
do fundo das sepulturas.

Imagens dos deletérios,
imponderáveis mistérios.

Bandeiras rotas, sem nome,
das barricadas da fome.

Bandeiras estraçalhadas
das sangrentas barricadas.

Fantasmas vão, sibilinos
da caverna dos Destinos!

Ó pobres! o vosso bando
é tremendo, é formidando!

Ele já marcha crescendo,
o vosso bando tremendo...

Ele marcha por colinas,
por montes e por campinas.

Nos areiais e nas serras
em hostes como as de guerras.

Cerradas legiões estranhas
a subir, descer montanhas.

Como avalanches terríveis
enchendo plagas incríveis.

Atravessa já os mares,
com aspectos singulares.

Perde-se além nas distâncias
a caravana das ânsias.

Perde-se além na poeira,
das Esferas na cegueira.

Vai enchendo o estranho mundo
com o seu soluçar profundo.

Como torres formidandas
de torturas miserandas.

E de tal forma no imenso
mundo ele se torna denso.

E de tal forma se arrasta
por toda a região mais vasta.

E de tal forma um encanto
secreto vos veste tanto.

E de tal forma já cresce
o bando, que em vós parece.

Ó Pobres de ocultas chagas
lá das mais longínquas plagas!

Parece que em vós há sonho
e o vosso bando é risonho.

Que através das rotas vestes
trazeis delícias celestes.

Que as vossas bocas, de um vinho
prelibam todo o carinho...

Que os vossos olhos sombrios
trazem raros amavios.

Que as vossas almas trevosas
vêm cheias de odor das rosas.

De torpores, d'indolências
e graças e quit'essências.

Que já livres de martírios
vêm festonadas de lírios.

Vêm nimbadas de magia,
de morna melancolia!

Que essas flageladas almas
reverdecem como palmas.

Balanceadas no letargo
dos sopros que vêm do largo...

Radiantes d'ilusionismos,
segredos, orientalismos.

Que como em águas de lagos
boiam nelas cisnes vagos...

Que essas cabeças errantes
trazem louros verdejantes.

E a languidez fugitiva
de alguma esperança viva.

Que trazeis magos aspeitos
e o vosso bando é de eleitos.

Que vestes a pompa ardente
do velho Sonho dolente.

Que por entre os estertores
sois uns belos sonhadores.

SPLEEN DE DEUSES

Oh! Dá-me o teu sinistro Inferno
dos desesperos tétricos, violentos,
onde rugem e bramem como os ventos
anátemas da Dor, no fogo eterno...

Dá-me o teu fascinante, o teu falerno
dos falernos das lágrimas sangrentos
vinhos profundos, venenosos, lentos
matando o gozo nesse horror do Averno.

Assim o Deus dos Páramos clamava
ao Demônio soturno, e o rebelado,
Capricórnio Satã, ao Deus bradava:

Se és Deus e já de mim tens triunfado,
para lavar o Mal do Inferno e a bava
dá-me o tédio senil do céu fechado...

CABELOS

I

Cabelos! Quantas sensações ao vê-los!
cabelos negros, do esplendor sombrio,
por onde corre o fluído vago e frio
dos brumosos e longos pesadelos...

Sonhos, mistérios, ansiedades, zelos,
tudo que lembra as convulsões de um rio
passa na noite cálida, no estio
da noite tropical dos teu cabelos.

Passa através dos teus cabelos quentes,
pela chama dos beijos inclementes,
das dolências fatais, da nostalgia...

Auréola negra, majestosa, ondeada,
alma da treva, densa e perfumada,
lânguida Noite da melancolia!

OLHOS

II

A Grécia d'Arte, a estranha claridade
d'aquela Grécia de beleza e graça,
passa, cantando, vai cantando e passa
dos teus olhos na eterna castidade.

Toda a serena e altiva heroicidade
que foi dos gregos a imortal couraça,
aquele encanto e resplendor de raça
constelada de antiga majestade,

da Atenas flórea toda o viço louro,
e as rosas e os mirtais e as pompas d'ouro,
odisseias e deuses e galeras...

Na sonolência de uma luz aziaga,
tudo em saudade nos teus olhos vaga,
canta melancolias de outras eras!...

BOCA

III

Boca viçosa, de perfume a lírio,
da límpida frescura da nevada,
boca de pompa grega, purpureada,
da majestade de um damasco assírio.

Boca para deleites e delírio
da volúpia carnal e alucinada,
boca de Arcanjo, tentadora e arqueada,
tentando Arcanjos na amplidão do Empírio,

boca de Ofélia morta sobre o lago,
dentre a auréola de luz do sonho vago
e os faunos leves do luar inquietos...

Estranha boca virginal, cheirosa,
boca de mirra e incensos, milagrosa
nos filtros e nos tóxicos secretos...

SEIOS

IV

Magnólias tropicais, frutos cheirosos
das árvores do Mal fascinadoras,
das negras mancenilhas tentadoras,
dos vagos narcotismos venenosos.

Oásis brancos e miraculosos
das frementes volúpias pecadoras
nas paragens fatais, aterradoras
do Tédio, nos desertos tenebrosos...

Seios de aroma embriagador e langue,
da aurora de ouro do esplendor do sangue,
a alma de sensações tantalizando.

Ó seios virginais, tálamos vivos,
onde do amor nos êxtases lascivos
velhos faunos febris dormem sonhando...

MÃOS

V

Ó Mãos ebúrneas, Mãos de claros veios,
esquisitas tulipas delicadas,
lânguidas Mãos sutis e abandonadas,
finas e brancas, no esplendor dos seios.

Mãos etéricas, diáfanas, de enleios,
de eflúvios e de graças perfumadas,
relíquias imortais de eras sagradas
de antigos templos de relíquias cheios.

Mãos onde vagam todos os segredos,
onde dos ciúmes tenebrosos, tredos,
circula o sangue apaixonado e forte.

Mãos que eu amei, no féretro medonho
frias, já murchas, na fluidez do Sonho,
nos mistérios simbólicos da Morte!

PÉS

VI

Lívidos, frios, de sinistro aspecto,
como os pés de Jesus, rotos em chaga,
inteiriçados, dentre a auréola vaga
do mistério sagrado de um afeto.

Pés que o fluido magnético, secreto
da morte maculou de estranha e maga
sensação esquisita que propaga
um frio nalma, doloroso e inquieto...

Pés que bocas febris e apaixonadas
purificaram, quentes, inflamadas,
com o beijo dos adeuses soluçantes.

Pés que já no caixão, enrijecidos,
aterradoramente indefinidos
geram fascinações dilacerantes!

CORPO

VII

Pompas e pompas, pompas soberanas,
majestade serena da escultura,
a chama da suprema formosura,
a opulência das púrpuras romanas.

As formas imortais, claras e ufanas,
da graça grega, da beleza pura,
resplendem na arcangélica brancura
desse teu corpo de emoções profanas.

Cantam as infinitas nostalgias,
os mistérios do Amor, melancolias,
todo o perfume de eras apagadas...

E as águias da paixão, brancas, radiantes,
voam, revoam, de asas palpitantes,
no esplendor do teu corpo arrebatadas!

TRISTEZA DO INFINITO

Anda em mim, soturnamente,
uma tristeza ociosa,
sem objetivo, latente,
vaga, indecisa, medrosa.

Como ave torva e sem rumo,
ondula, vagueia, oscila
e sobe em nuvens de fumo
e na minh'alma se asila.

Uma tristeza que eu, mudo,
fico nela meditando
e meditando, por tudo
e em toda a parte sonhando.

Tristeza de não sei donde,
de não sei quando nem como...
flor mortal, que dentro esconde
sementes de um mago pomo.

Dessas tristezas incertas,
esparsas, indefinidas...
como almas vagas, desertas
no rumo eterno das vidas.

Tristeza sem causa forte,
diversa de outras tristezas,
nem da vida nem da morte
gerada nas correntezas...

Tristeza de outros espaços,
de outros céus, de outras esferas,
de outros límpidos abraços,
de outras castas primaveras.

Dessas tristezas que vagam
com volúpias tão sombrias
que as nossas almas alagam
de estranhas melancolias.

Dessas tristezas sem fundo,
sem origens prolongadas,
sem saudades deste mundo,
sem noites, sem alvoradas.

Que principiam no sonho
e acabam na Realidade,
através do mar tristonho
desta absurda Imensidade.

Certa tristeza indizível,
abstrata, como se fosse
a grande alma do Sensível
magoada, mística, doce.

Ah! tristeza imponderável,
abismo, mistério aflito,
torturante, formidável...
ah! tristeza do Infinito!

ÉBRIOS E CEGOS

Fim de tarde sombria.
Torvo e pressago todo o céu nevoento.
Densamente chovia.
Na estrada o lodo e pelo espaço o vento.

Monótonos gemidos
do vento, mornos, lânguidos, sensíveis:
plangentes ais perdidos
de solitários seres invisíveis...

Dois secretos mendigos
vinham, bambos, os dois, de braço dado,
como estranhos amigos
que se houvessem nos tempos encontrado.

Parecia que a bruma
crepuscular os envolvia, absortos
numa visão, nalguma
visão fatal de vivos ou de mortos.

E de ambos o andar lasso
tinha talvez algum sonambulismo,
como através do espaço
duas sombras volteando num abismo.

Era tateante, vago
de ambos o andar, aquele andar tateante
de ondulação de lago,
tardo, arrastado, trêmulo, oscilante.

E tardo, lento, tardo,
mais tardo cada vez, mais vagaroso,
no torvo aspecto pardo
da tarde, mais o andar era brumoso.

Bamboleando no lodo,
como que juntos resvalando aéreos,
todo o mistério, todo
se desvendava desses dois mistérios:

Ambos ébrios e cegos,
no caos da embriaguez e da cegueira,
vinham cruzando pegos
de braço dado, a sua vida inteira.

Ninguém diria, entanto,
o sentimento trágico, tremendo,
a convulsão de pranto
que aquelas almas iam turvescendo.

Ninguém sabia, certos,
quantos os desesperos mais agudos
dos mendigos desertos,
ébrios e cegos, caminhando mudos.

Ninguém lembrava as ânsias
daqueles dois estados meio gêmeos,
presos nas inconstâncias
de sofrimentos quase que boêmios.

Ninguém diria nunca,
ébrios e cegos, todos dois tateando,
a que atroz espelunca
tinham, sem vista, ido beber, bambeando.

Que negro álcool profundo
turvou-lhes a cabeça e que sudário
mais pesado que o mundo
pôs-lhes nos olhos tal horror mortuário.

E em tudo, em tudo aquilo,
naqueles sentimentos tão estranhos,
de tamanho sigilo,
como esses entes vis eram tamanhos!

Que tão fundas cavernas
aquelas duas dores enjaularam,
miseráveis e eternas
nos horríveis destinos que as geraram.

Que medonho mar largo,
sem lei, sem rumo, sem visão, sem norte,
que absurdo tédio amargo
de almas que apostam duelar com a morte!

Nas suas naturezas,
entre si tão opostas, tão diversas,
monstruosas grandezas
medravam, já unidas, já dispersas.

Onde a noite acabava
da cegueira feral de atros espasmos,
a embriaguez começava
rasgada de ridículos sarcasmos.

E bêbadas, sem vista,
na mais que trovejante tempestade,
caminhando à conquista
do desdém das esmolas sem piedade,

lá iam, juntas, bambas,
— acorrentadas convulsões atrozes —,
ambas as vidas, ambas
já meio alucinadas e ferozes.

E entre a chuva e entre a lama
e soluços e lágrimas secretas,
presas na mesma trama,
turvas, flutuavam, trêmulas, inquietas.

Mas ah! torpe matéria!
se as atritassem, como pedras brutas,
que chispas de miséria
romperiam de tais almas corruptas!

Tão grande, tanta treva,
tão terrível, tão trágica, tão triste,
os sentidos subleva,
cava outro horror, fora do horror que existe.

Pois do sinistro sonho
da embriaguez e da cegueira enorme,
erguia-se, medonho,
da loucura o fantasma desconforme.

ÚLTIMOS SONETOS (1905)

CAMINHO DA GLÓRIA

Este caminho é cor-de-rosa e é de ouro,
estranhos roseirais nele florescem,
folhas augustas, nobres reverdecem
de acanto, mirto e sempiterno louro.

Neste caminho encontra-se o tesouro
pelo qual tantas almas estremecem;
é por aqui que tantas almas descem
ao divino e fremente sorvedouro.

É por aqui que passam meditando,
que cruzam, descem, trêmulos, sonhando,
neste celeste, límpido caminho

os seres virginais que vêm da Terra,
ensanguentados da tremenda guerra,
embebedados do sinistro vinho.

PRESA DO ÓDIO

Da tu'alma na funda galeria
descendo às vezes, eu às vezes sinto
que como o mais feroz lobo faminto
teu ódio baixo de alcateia espia.

Do desespero a noite cava e fria,
de boêmias vis o pérfido absinto
pôs no teu ser um negro labirinto,
desencadeou sinistra ventania.

Desencadeou a ventania rouca,
surda, tremenda, desvairada, louca,
que a tu'alma abalou de lado a lado.

Que te inflamou de cóleras supremas
e deixou-te nas trágicas algemas
do teu ódio sangrento acorrentado!

VIDA OBSCURA

Ninguém sentiu o teu espasmo obscuro,
ó ser humilde entre os humildes seres.
Embriagado, tonto dos prazeres,
o mundo para ti foi negro e duro.

Atravessaste no silêncio escuro
a vida presa a trágicos deveres
e chegaste ao saber de altos saberes
tornando-te mais simples e mais puro.

Ninguém te viu o sentimento inquieto,
magoado, oculto e aterrador, secreto,
que o coração te apunhalou no mundo.

Mas eu que sempre te segui os passos
sei que cruz infernal prendeu-te os braços
e o teu suspiro como foi profundo!

MADONA DA TRISTEZA

Quando te escuto e te olho reverente
e sinto a tua graça triste e bela
de ave medrosa, tímida, singela,
fico a cismar enternecidamente.

Tua voz, teu olhar, teu ar dolente
toda a delicadeza ideal revela
e de sonhos e lágrimas estrela
o meu ser comovido e penitente.

Com que mágoa te adoro e te contemplo,
ó da Piedade soberano exemplo,
flor divina e secreta da Beleza!

Os meus soluços enchem os espaços,
quando te aperto nos estreitos braços,
solitária madona da Tristeza!

IRONIA DE LÁGRIMAS

Junto da morte é que floresce a Vida!
Andamos rindo junto à sepultura.
À boca aberta, escancarada, escura
da cova é como flor apodrecida.

A Morte lembra a estranha Margarida
do nosso corpo, Fausto sem ventura...
ela anda em torno a toda a criatura
numa dança macabra indefinida.

Vem revestida em suas negras sedas
e a marteladas lúgubres e tredas
das ilusões o eterno esquife prega.

E adeus caminhos vãos, mundos risonhos!
Lá vem a loba que devora os sonhos,
faminta, absconsa, imponderada, cega!

GRANDEZA OCULTA

Estes vão para as guerras inclementes,
os absurdos heróis sanguinolentos,
alvoroçados, tontos e sedentos
do clamor e dos ecos estridentes.

Aqueles para os frívolos e ardentes
prazeres de acres inebriamentos:
vinhos, mulheres, arrebatamentos
de luxúrias carnais, impenitentes.

Mas Tu, que na alma a imensidade fechas,
que abriste com teu Gênio fundas brechas
no mundo vil onde a maldade exulta,

ó delicado espírito de Lendas!
fica nas tuas Graças estupendas,
no sentimento da grandeza oculta!

VOZ FUGITIVA

Às vezes na tu'alma, que adormece
tanto e tão fundo, alguma voz escuto
de timbre emocional, claro, impoluto
que uma voz bem amiga me parece.

E fico mudo a ouvi-la, como a prece
de um meigo coração que está de luto
e livre, já, de todo o mal corrupto,
mesmo as afrontas mais cruéis esquece.

Mas outras vezes, sempre em vão, procuro
dessa voz singular o timbre puro,
as essências do céu maravilhosas.

Procuro ansioso, inquieto, alvoroçado,
mas tudo na tu'alma esta calado,
no silêncio fatal das nebulosas.

LIVRE!

Livre! Ser livre da matéria escrava,
arrancar os grilhões que nos flagelam
e livre penetrar nos Dons que selam
a alma e lhe emprestam toda a etérea lava.

Livre da humana, da terrestre bava
dos corações daninhos que regelam,
quando os nossos sentidos se rebelam
contra a Infâmia bifronte que deprava.

Livre! bem livre para andar mais puro,
mais junto à Natureza e mais seguro
do seu Amor, de todas as justiças.

Livre! para sentir a Natureza,
para gozar, na universal Grandeza,
Fecundas e arcangélicas preguiças.

CÁRCERE DAS ALMAS

Ah! Toda a alma num cárcere anda presa,
soluçando nas trevas, entre as grades
do calabouço olhando imensidades,
mares, estrelas, tardes, natureza.

Tudo se veste de uma igual grandeza
quando a alma entre grilhões as liberdades
sonha e sonhando, as imortalidades
rasga no etéreo Espaço da Pureza.

Ó almas presas, mudas e fechadas
nas prisões colossais e abandonadas,
da Dor no calabouço, atroz, funéreo!

Nesses silêncios solitários, graves,
que chaveiro do Céu possui as chaves
para abrir-vos as portas do Mistério?!

ÚNICO REMÉDIO

Como a chama que sobe e que se apaga,
sobem as vidas a espiral do Inferno.
O desespero é como o fogo eterno
que o campo quieto em convulsões alaga...

Tudo é veneno, tudo cardo e praga!
E as almas que têm sede de falerno
bebem apenas o licor moderno
do tédio pessimista que as esmaga.

Mas a Caveira vem se aproximando,
vem exótica e nua, vem dançando,
no estrambotismo lúgubre vem vindo.

E tudo acaba então no horror insano —
— desespero do Inferno e tédio humano —
quando, d'esguelha, a Morte surge rindo...

DEUS DO MAL

Espírito do Mal, ó deus perverso
que tantas almas dúbias acalentas,
veneno tentador na luz disperso
que a própria luz e a própria sombra tentas;

Símbolo atroz das culpas do Universo,
espelho fiel das convulsões violentas,
do gasto coração no lodo imerso
das tormentas vulcânicas, sangrentas;

Toda a tua sinistra trajetória
tem um brilho de lágrima ilusória,
as melodias mórbidas do Inferno...

És Mal, mas sendo Mal és soluçante,
sem a graça divina e consolante,
réprobo estranho do Perdão eterno!

ALMA FATIGADA

Nem dormir nem morrer na fria Eternidade!
mas repousar um pouco e repousar um tanto,
os olhos enxugar das convulsões do pranto,
enxugar e sentir a ideal serenidade.

A graça do consolo e da tranquilidade
de um céu de carinhoso e perfumado encanto,
mas sem nenhum carnal e mórbido quebranto,
sem o tédio senil da vã perpetuidade.

Um sonho lirial d'estrelas desoladas,
onde as almas febris, exaustas, fatigadas
possam se recordar e repousar tranquilas!

Alma por alma em toda a parte inflamam
e grandes, largos, imortais, derramam
as melancólicas estrelas d'Arte!

O SONETO

Nas formas voluptuosas o Soneto
tem fascinante, cálida fragrância
e as leves, langues curvas de elegância
de extravagante e mórbido esqueleto.

A graça nobre e grave do quarteto
recebe a original intolerância,
toda a sutil, secreta extravagância
que transborda terceto por terceto.

E como singular polichinelo
ondula, ondeia, curioso e belo,
o Soneto, nas formas caprichosas.

As rimas dão-lhe a púrpura vetusta
e na mais rara procissão augusta
surge o sonho das almas dolorosas...

VINHO NEGRO

O vinho negro do imortal pecado
envenenou nossas humanas veias
como fascinações de atras sereias
de um inferno sinistro e perfumado.

O sangue canta, o sol maravilhado
do nosso corpo, em ondas fartas, cheias,
como que quer rasgar essas cadeias
em que a carne o retém acorrentado.

E o sangue chama o vinho negro e quente
do pecado letal, impenitente,
o vinho negro do pecado inquieto.

E tudo nesse vinho mais se apura,
ganha outra graça, forma e formosura,
grave beleza de esplendor secreto.

O ASSINALADO

Tu és o louco da imortal loucura,
o louco da loucura mais suprema.
A terra é sempre a tua negra algema,
prende-te nela a extrema Desventura.

Mas essa mesma algema de amargura,
mas essa mesma Desventura extrema
faz que tu'alma suplicando gema
e rebente em estrelas de ternura.

Tu és o Poeta, o grande Assinalado
que povoas o mundo despovoado,
de belezas eternas, pouco a pouco.

Na Natureza prodigiosa e rica
toda a audácia dos nervos justifica
os teus espasmos imortais de louco!

ASAS ABERTAS

As asas da minh'alma estão abertas!
Podes te agasalhar no meu Carinho,
abrigar-te de frios no meu ninho
com as tuas asas trêmulas, incertas.

Tu'alma lembra vastidões desertas
onde tudo é gelado e é só espinho.
Mas na minh'alma encontrarás o Vinho
e as graças todas do Conforto certas.

Vem! Há em mim o eterno Amor imenso
que vai tudo florindo e fecundando
e sobe aos céus como sagrado incenso.

Eis a minh'alma, as asas palpitando,
como a saudade de agitado lenço
o segredo dos longes procurando...

VELHO

Estás morto, estás velho, estás cansado!
Como um sulco de lágrimas pungidas
ei-las, as rugas, as indefinidas
noites do ser vencido e fatigado.

Envolve-te o crepúsculo gelado
que vai soturno amortalhando as vidas
ante o responso em músicas gemidas
no fundo coração dilacerado.

A cabeça pendida de fadiga,
sentes a morte taciturna e amiga,
que os teus nervosos círculos governa.

Estás velho, estás morto! Ó dor, delírio,
alma despedaçada de martírio,
ó desespero da Desgraça eterna!

ETERNIDADE RETROSPECTIVA

Eu me recordo de já ter vivido,
mudo e só por olímpicas Esferas,
onde era tudo velhas primaveras
e tudo um vago aroma indefinido.

Fundas regiões do Pranto e do Gemido,
onde as almas mais graves, mais austeras
erravam como trêmulas quimeras
num sentimento estranho e comovido.

As estrelas longínquas e veladas
recordavam violáceas madrugadas,
um clarão muito leve de saudade.

Eu me recordo d'imaginativos
luares liriais, contemplativos
por onde eu já vivi na Eternidade!

INVULNERÁVEL

Quando dos carnavais da raça humana
forem caindo as máscaras grotescas
e as atitudes mais funambulescas
se desfizeram no feroz Nirvana;

Quando tudo ruir na febre insana,
nas vertigens bizarras, pitorescas
de um mundo de emoções carnavalescas
que ri da Fé profunda e soberana;

Vendo passar a lúgubre, funérea
galeria sinistra da Miséria,
com as máscaras do rosto descoladas;

Tu que és o deus, o deus invulnerável,
resiste a tudo e fica formidável,
no Silêncio das noites estreladas!

LÍRIO LUTUOSO

Essência das essências delicadas,
meu perfumoso e tenebroso lírio,
oh! dá-me a glória de celeste Empíreo
da tu'alma nas sombras encantadas.

Subindo lento escadas por escadas,
nas espirais nervosas do Martírio,
das Ânsias, da Vertigem, do Delírio,
vou em busca de mágicas estradas.

Acompanha-me sempre o teu perfume,
lírio da Dor, que o Mal e o Bem resume,
estrela negra, tenebroso fruto.

Oh! dá-ma a glória do teu ser nevoento
para que eu possa haurir o sentimento
das lágrimas acerbas do teu luto!

CONDENAÇÃO FATAL

Ó mundo, que és o exílio dos exílios,
um monturo de fezes putrefato,
onde o ser mais gentil, mais timorato
dos seres vis circula nos concílios;

Onde de almas em pálidos idílios
o lânguido perfume mais ingrato
magoa tudo e é triste, como o tato
de um cego embalde levantando os cílios;

Mundo de peste, de sangrenta fúria
e de flores leprosas da luxúria
de flores negras, infernais, medonhas;

Oh! como são sinistramente feios
teus aspectos de fera, os teus meneios
pantéricos, ó Mundo, que não sonhas!

DEMÔNIOS

A língua vil, ignívoma, purpúrea
dos pecados mortais bava e braveja,
com os seres impoluídos mercadeja
mordendo-os fundo, injúria sobre injúria.

É um grito infernal de atroz luxúria,
dor de danados, dor de Caos que almeja.
A toda alma serena que viceja,
só fúria, fúria, fúria, fúria, fúria!

São pecados mortais feitos hirsutos
demônios maus que os venenosos frutos
morderam com volúpias de quem ama...

Vermes da Inveja, a lesma verde e oleosa,
anões da Dor torcida e cancerosa,
abortos de almas a sangrar na lama!

CAVADOR DO INFINITO

Com a lâmpada do Sonho desce aflito
e sobe aos mundos mais imponderáveis,
vai abafando as queixas implacáveis,
da alma o profundo e soluçado grito.

Ânsias, Desejos, tudo a fogo escrito
sente, em redor, nos astros inefáveis.
Cava nas fundas eras insondáveis
o cavador do trágico Infinito.

E quanto mais pelo Infinito cava
mais o Infinito se transforma em lava
e o cavador se perde nas distâncias...

Alto levanta a lâmpada do Sonho
e com seu vulto pálido e tristonho
cava os abismos das eternas ânsias!

NO SEIO DA TERRA

Do pélago dos pélagos sombrios
lá do seio da Terra olhando as vidas,
escuto o murmurar de almas perdidas,
como o secreto murmurar dos rios.

Trazem-me os ventos negros calafrios
e os soluços das almas doloridas,
que têm sede das Terras prometidas
e morrem como abutres erradios.

As ânsias sobem, as tremendas ânsias!
velhices, mocidades e as infâncias
humanas entre a Dor se despedaçam...

Mas sobre tantos convulsivos gritos
passam horas, espaços, infinitos;
esferas, gerações, sonhando, passam!

ANIMA MEA

Ó minh'alma, ó minh'alma, ó meu Abrigo,
meu sol e minha sombra peregrina,
luz imortal que os mundos ilumina
do velho Sonho, meu fiel Amigo;

Estrada ideal de São Tiago, antigo
templo da minha Fé, casta e divina,
de onde é que vem toda esta mágoa fina
que é, no entanto, consolo e que eu bendigo?

De onde é que vem tanta esperança vaga,
de onde vem tanto anseio que me alaga,
tanta diluída e sempiterna mágoa?

Ah! de onde vem toda essa estranha essência
de tanta misteriosa transcendência,
que estes olhos me deixa rasos de água?!

SENTIMENTO ESQUISITO

Ó céu estéril dos desesperados,
forma impassível de cristal sidéreo,
dos cemitérios velho cemitério,
onde dormem os astros delicados.

Pátria d'estrelas dos abandonados,
casulo azul do anseio vago, aéreo,
formidável muralha de mistério
que deixa os corações desconsolados.

Céu imóvel milênios e milênios,
tu que iluminas a visão dos Gênios
e ergues das almas o sagrado acorde.

Céu estéril, absurdo, céu imoto,
faz dormir no teu seio o Sonho ignoto,
esta serpente que alucina e morde...

GRANDE AMOR

Grande amor, grande amor, grande mistério
que as nossas almas trêmulas enlaça...
Céu que nos beija, céu que nos abraça
num abismo de luz profundo e sério.

Eterno espasmo de um desejo etéreo
e bálsamo dos bálsamos de graça,
chama secreta que nas almas passa
e deixa nelas um clarão sidéreo.

Cântico de anjos e arcanjos vagos
junto às águas sonâmbulas de lagos,
sob as claras estrelas desprendido...

Selo perpétuo, puro e peregrino,
que prende as almas num igual destino,
num beijo fecundado num gemido.

ASSIM SEJA

Fecha os olhos e morre calmamente!
Morre sereno do Dever cumprido!
Nem o mais leve, nem um só gemido
traia, sequer, o teu Sentir latente.

Morre com a alma leal, clarividente,
da Crença errando no Vergel florido
e o Pensamento pelos céus brandido
como um gládio soberbo e refulgente.

Vai abrindo sacrário por sacrário
do teu Sonho no templo imaginário,
na hora glacial da negra Morte imensa...

Morre com o teu Dever! Na alta confiança
de quem triunfou e sabe que descansa,
desdenhando de toda a Recompensa!

DA SENZALA...

De dentro da senzala escura e lamacenta
    aonde o infeliz
de lágrimas em fel, de ódio se alimenta
    tornando meretriz

A alma que ele tinha, ovante, imaculada
    alegre e sem rancor;
porém que foi aos poucos sendo transformada
    aos vivos do estertor...

    De dentro da senzala
aonde o crime é rei, e a dor — crânios abala
    em ímpeto ferino;

    Não pode sair, não,
um homem de trabalho, um senso, uma razão...
    e sim, um assassino!

O LIVRO DERRADEIRO (1945-1961)

ESCRAVOCRATAS

Oh! trânsfugas do bem que sob o manto régio
manhosos, agachados — bem como um crocodilo,
viveis sensualmente à *luz* dum privilégio
na *pose* bestial dum cágado tranquilo.

Eu rio-me de vós e cravo-vos as setas
ardentes do olhar — formando uma vergasta
dos raios mil do sol, das iras dos poetas,
e vibro-vos à espinha — enquanto o grande basta.

O basta gigantesco, imenso, extraordinário —
da branca consciência — o rútilo sacrário
no tímpano do ouvido — audaz me não soar.

Eu quero em rude verso altivo adamastórico,
vermelho, colossal, d'estrépito, gongórico,
castrar-vos como um touro — ouvindo-vos urrar!

O FINAL DO GUARANI

Ceci — é a virgem loira das brancas harmonias,
a doce-flor-azul dos sonhos cor-de-rosa,
Peri — o índio ousado das bruscas fantasias,
o tigre dos sertões — da alma luminosa.

Amam-se com o amor indômito e latente
que nunca foi traçado nem pode ser descrito.
Com esse amor selvagem que anda no infinito.
E brinca nos juncais, — ao lado da serpente.

Porém... no lance extremo, o lance pavoroso,
assim por entre a morte e os tons de um puro gozo,
dos leques da palmeira à nota musical...

Vão ambos a sorrir, às águas arrojados,
mansos como a luz, tranquilos, enlaçados
e perdem-se na noite serena do ideal!...

CELESTE

Aos Corações Ideais

Lembra-me ainda — ao lado de um repuxo,
pela brancura de um luar de agosto,
o teu maninho, um loiro pequerrucho
brincava, rindo, te afagando o rosto...

Lembra-me ainda — às sombras do sol posto,
numa saleta sem brasões de luxo,
de alguns bordados de fineza e gosto
delineavas o gentil debuxo...

E o gás que forte e cintilante ardia,
te iluminava, te alagava... ria...
Da luz ficavas no imponente abrigo.

E agora... deixa que ao cair da noite,
esta lembrança dentro em mim se acoite,
como a andorinha no telhado amigo!

LUAR

Pelas esferas, nuvens peregrinas,
brandas de toques, encaracoladas,
passam de longe, tímidas, nevadas,
cruzando o azul sereno das colinas.

Sombras da tarde, sombras vespertinas
como escumilhas leves, delicadas,
caem da serra oblonga nas quebradas,
vão penumbrando as coisas cristalinas.

Rasga o silêncio a nota chã, plangente,
da Ave-Maria, — e então, nervosamente,
nuns inefáveis, espontâneos jorros

esbate o luar, de forma admirável,
claro, bondoso, elétrico, saudável,
na curvilínea compridão dos morros.

A ERMIDA

Lá onde a calma e a placidez existe,
sobre as colinas que o vergel encobre,
aquela ermida como está tão pobre,
aquela ermida como está tão triste.

A minha musa, sem falar, assiste,
do meio-dia ante o aspecto nobre,
o vago, estranho e murmurante dobre
daquela ermida que aos trovões resiste

e às gargalhadas funéreas, sombrias
dos crus invernos e das ventanias,
do temporal desolador e forte.

Daquela triste esbranquiçada ermida,
que me recorda, me parece a vida
jogada às mágoas e ilusões da sorte.

O CHALÉ

É um chalé luzido e aristocrático,
de fulgurantes, ricos arabescos,
janelas livres para os ares frescos,
galante, raro, encantador, simpático.

O sol que vibra em rubro tom prismático,
no resplendor dos luxos principescos,
dá-lhe uns alegres tiques romanescos,
um colorido ideal silforimático.

Há um jardim de rosas singulares,
lírios joviais e rosas não vulgares,
brancas e azuis e roxas e purpúreas.

E a luz do luar caindo em brilhos vagos,
na placidez de adormecidos lagos
abre esquisitas radiações sulfúreas.

FRUTAS DE MAIO

Maio chegou — alegre e transparente,
cheio de brilho e música nos ares,
de cristalinos risos salutares,
frio, porém, ó gota alvinitente.

Corre um fluido suave e odorescente
das laranjeiras, como dos altares
o incenso — e, como a gaze azul dos mares,
leve — há por tudo um beijo, docemente.

Isto bem cedo, de manhã — adiante
pela tarde um sol calmo, agonizante,
põe no horizonte resplendentes franjas.

Há carinhos, da luz em cada raio,
filha — e eu que adoro este frescor de maio
muito, mas muito — trago-te laranjas.

ETERNO SONHO

Quelle est done cette femme?
Je ne comprendrai pas.

Félix Arvers

Talvez alguém estes meus versos lendo
não entenda que amor neles palpita,
nem que saudade trágica, infinita
por dentro dele sempre está vivendo.

Talvez que ela não fique percebendo
a paixão que me enleva e que me agita,
como de uma alma dolorosa, aflita
que um sentimento vai desfalecendo.

E talvez que ela ao ler-me, com piedade,
diga, a sorrir, num pouco de amizade,
boa, gentil e carinhosa e franca:

— Ah! bem conheço o teu afeto triste...
E se em minha alma o mesmo não existe,
é que tens essa cor e é que eu sou branca!

AVE! MARIA...

Ave! Maria da Estrelas, Ave!
Cheia da graça do luar, Maria!
Harmonia de cântico suave,
das harpas celestiais branda harmonia...

Nuvem d'incensos através da nave
quando o templo de pompas irradia
e em prantos o órgão vai plangendo grave
a profunda e gemente litania...

Seja bendito o fruto do teu ventre,
Jesus, mais belo dentre os astros e entre
as mulheres judaicas mais amado...

Ó Luz! Eucaristia da beleza,
chama sagrada no Evangelho acesa,
maravilha do Amor e do Pecado!

IMPASSÍVEL

Teu coração de mármore não ama
nem um dia sequer, nem um só dia.
Essa inclemente natureza fria
jamais na luz dos astros se derrama.

Mares e céus, a imensidade clama
por esse olhar d'estrelas e harmonia,
sem uma névoa de melancolia,
do amor nas pompas e na vida chama.

A Imensidade nunca mais quer vê-lo,
indiferente às comoções, de gelo
ao mar, ao sol, aos roseirais de aromas.

Ama com o teu olhar, que a tudo encantas,
ou sê antes de pedra, como as santas,
mudas e tristes dentro das redomas.

SÍMILES

Pedro traiu a fé do Apostolado.
Madalena chorou de arrependida;
e nessa mágoa triste e indefinida
havia ainda uns laivos de pecado.

Tudo que a Bíblia tinha decretado,
tudo o que a lenda humilde e dolorida
de Jesus Cristo apregoou na vida,
cumpriu-se à risca, foi executado.

O filho-Deus da cândida Maria,
da flor de Jericó, na cruz sombria
os seus dias amáveis terminou.

Pedro traiu a fé dos companheiros.
Madalena chorou sob os olmeiros
Jesus Cristo sofreu e... perdoou.

MANHÃ

Alta alvorada. — Os últimos nevoeiros
a luz que nasce levemente espalha;
move-se o bosque, a selva que farfalha
cheia da vida dos clarões primeiros.

Da passarada os voos condoreiros,
os cantos e o ar que as árvores ramalha
lembram combate, estrídula batalha
de elementos contrários e altaneiros.

Vozes, trinados, vibrações, rumores
crescem, vão se fundindo aos esplendores
da luz que jorra de invisível taça.

E como um rei num galeão do Oriente
o sol põe-se a tocar bizarramente
fanfarras marciais, trompas de caça.

PÁSSARO MARINHO

Manhã de Maio, rosas pelo prado,
gorjeios, pelas matas verdurosas
e a luz cantando o idílio de um noivado
por entre as matas e por entre as rosas.

Uma *toilette* matinal que o alado
corpo te enflora em graças vaporosas,
mergulhas, como um pássaro rosado,
nas cristalinas águas murmurosas.

Dás o bom dia ao Mar nesse mergulho
e das águas salgadas ao marulho
sais, no esplendor dos límpidos espaços.

Trazes na carne um reflorir de vinhas,
auroras, virgens músicas marinhas,
acres aromas de algas e sargaços!

HÓSTIAS

A Emílio de Menezes

Nos arminhos das nuvens do infinito
vamos noivar por entre os esplendores,
como aves soltas em vergéis de flores,
ou penitentes de um estranho rito.

Que seja nosso amor — sidério mito! —
o límpido turíbulo das dores,
derramando o incenso dos amores
por sobre o humano coração aflito.

Como num templo, numa clara igreja,
que o sonho nupcial gozado seja,
que eu durma e sonhe nos teus níveos flancos.

Contigo aos astros fúlgidos alado,
que sejam hóstias para o meu noivado
as flores virgens dos teus seios brancos!

O CEGO DO HARMONIUM

Esse cego do harmonium me atormenta
e atormentando me seduz, fascina.
A minh'alma para ele vai sedenta
por falar com a sua alma peregrina.

O seu cantar nostálgico adormenta
como um luar de mórbida neblina.
O harmonium geme certa queixa lenta,
certa esquisita e lânguida surdina.

Os seus olhos parecem dois desejos
mortos em flor, dois luminosos beijos
fanados, apagados, esquecidos...

Ah! eu não sei o sentimento vário
que prende-me a esse cego solitário,
de olhos aflitos como vão gemidos!

ROSA NEGRA

Nervosa flor, carnívora, suprema,
flor dos sonhos da Morte, Flor sombria,
nos labirintos da tu'alma fria
deixa que eu sofra, me debata em gema.

Do Dante o atroz, o tenebroso lema
do Inferno à porta em trágica ironia,
eu vejo, com terrível agonia,
sobre o teu coração, torvo problema.

Flor do delírio, flor do sangue estuoso
que explode, porejando, caudaloso,
das volúpias da carne nos gemidos.

Rosa negra da treva, Flor do nada,
dá-me essa boca acídula, rasgada,
que vale mais que os corações proibidos!

TITÃS NEGROS

Hirtas de Dor, nos áridos desertos,
formidáveis fantasmas das Legendas,
marcham além, sinistras e tremendas,
as caravanas, dentre os céus abertos...

Negros e nus, negros Titãs, cobertos
das bocas vis duas chagas vis e horrendas,
marcham, caminham por estranhas sendas,
passos vagos, sonâmbulos, incertos...

Passos incertos e os olhares tredos,
na convulsão de trágicos segredos,
de agonias mortais, febres vorazes...

Têm o aspecto fatal das feras bravas
e o rir pungente das legiões escravas,
de dantescos e torvos Satanases!...

NOS CAMPOS

Por entre campos de seara loura
de alegre sol puríssimos batidos,
passam carros chiantes de lavoura
e raparigas sãs, de coloridos
que à luz solar que as ilumina e doura
lembram pomares e jardins floridos,
por entre campos de seara loura.

A Natureza inteira reverdece
pelos montes e vales e colinas;
e o luar que freme, anseia e resplandece,
movido por aragens vespertinas,
parece a alma dos tempos que floresce...
Enquanto que por prados e campinas
a Natureza inteira reverdece.

A paz das coisas desce sobre tudo!
e no verde sereno d'espessuras,
no doce e meigo e cândido veludo,
tremem cintilações como armaduras
ou como o aço brunido dum escudo;
enquanto que das límpidas alturas
a paz das coisas desce sobre tudo!

A casa, a rude tenda construída,
onde habitam as mães e as crianças
promiscuamente, nessa mesma vida
de perfume lirial das esperanças,
como é feliz, dos astros aquecida!
aquecida do Amor nas asas mansas
a casa, a rude tenda construída.

As bocas impolutas e cheirosas
das raparigas, pródigas belezas
de finos lábios púrpuros de rosas,
abrem, cheias de angélicas purezas,
as cristalinas fontes murmurosas
de risos, refrescando em correntezas
as bocas impolutas e cheirosas.

Da viva aurora rica do seu sangue
flameja a carne em báquicas vertigens!
e quem tiver uma epiderme exangue
para ficar com essas faces virgens,
para não ser mais pálida nem langue,
tem de beber das cálidas origens
da viva aurora rica do seu sangue.

Lindas ceifeiras percorrendo searas
nos campos, ó bizarras raparigas,
pelas manhãs e pelas tardes claras
vós desfolhais sorrisos e cantigas
que deixam ver as pérolas mais raras
dos dentes brancos, frescos como estrigas...
Lindas ceifeiras percorrendo searas!

DIANTE DO MAR

Para matar o letargo
da vida, e o profundo tédio,
fui, em busca de remédio,
ao cais arejado e largo.

E vi o mar formidando,
cheio de mastros e velas,
ocultos clarins vibrando
pela boca das procelas.

Vi tropéis e tropéis bruscos
de ondas revoltas e crespas
com rijos ferrões de vespas
ferreteando os ares fuscos.

Vi os límpidos navios
jogados do mar incerto
como seres erradios
por inóspito deserto.

Vi tudo nublado, tudo,
céus e mares e horizontes;
e sobre a linha dos montes
cair o silêncio mudo.

E eu lembrei-me quando a aurora
sobre aquelas esverdeadas
águas jorrava sonora
a luz em puras golfadas.

Lembrei-me desses supremos
dias acres de alegria
na vaga loura e macia
as leves palmas dos remos.

Do resplendor das viagens
num encanto matutino,
à doçura das aragens,
por sobre o mar cristalino.

A bicar às doces ilhas
de pedra, musgos e flores,
cheias de ervas e frescores
e naturais maravilhas.

Que ela a tudo perfumasse
como um rosal que floresce
que tudo que nela houvesse
resplandecesse e cantasse.

Ou ver na frente das casas,
dos vales e das colinas
os pombos batendo as asas,
entre festões de boninas.

Ir à pesca alegre e fresca,
por suavíssimos luares,
numa lua pitoresca,
em cima dos salsos mares.

Quando flexível canoa
vai deixando um vivo rastro,
fundo, aberto, feito de astro,
na vaga que brilha e soa.

Quando na margem campestre
de rios indefinidos
sente-se o aroma silvestre
dos aloendros floridos.

Lembrei-me até das regatas
numa hora deliciosa
de manhã cheirando a rosa,
toda de fúlgidas pratas.

D'embarcar, como um fidalgo,
para aventuras de caça,
em companhia do galgo
que é das caçadas a graça.

Ir d'espingarda e d'estilo,
por madrugadas serenas,
sem males, sem dor, sem penas,
peito bizarro e tranquilo.

Bater as aves no mato
por entre arvoredos graves,
ou da beira de um regato
ver saltar em bando as aves.

E da ventura nos jorros
voltar da caça repleto
vendo ao longe o rubro teto
da casa e o verde dos morros.

Ou então ir como um duque
nas praias de mais beleza
gozar na choça de estuque
uns olhos de camponesa.

Sentir do equóreo elemento,
sobre as serras verdejantes,
ruflantes e sussurrantes
as ventarolas do vento.

Deixar o espírito, avaro
de vida, saúde e força,
disparar — alada corça —
pelo azul radioso, claro.

Assim, talvez que o Nirvana
do tédio e letargo imenso
não fosse uma dor humana,
dentre um nevoeiro tão denso.

CRIANÇAS NEGRAS

Em cada verso um coração pulsando,
sóis flamejando em cada verso, e a rima
cheia de pássaros azuis cantando,
desenrolada como um céu por cima.

Trompas sonoras de tritões marinhos
das ondas glaucas na amplidão sopradas
e a rumorosa música dos ninhos
nos damascos reais das alvoradas.

Fulvos leões do altivo pensamento
galgando da era a soberana rocha,
no espaço o outro leão do sol sangrento
que como um cardo em fogo desabrocha.

A canção de cristal dos grandes rios
sonorizando os florestais profundos,
a terra com seus cânticos sombrios,
o firmamento gerador de mundos.

Tudo, como panóplia sempre cheia
das espadas dos aços rutilantes,
eu quisera trazer preso à cadeia
de serenas estrofes triunfantes.

Preso à cadeia das estrofes que amam,
que choram lágrimas de amor por tudo,
que, como estrelas, vagas se derramam
num sentimento doloroso e mudo.

Preso à cadeia das estrofes quentes
como uma forja em labareda acesa,
para cantar as épicas, frementes
tragédias colossais da Natureza.

Para cantar a angústia das crianças!
não das crianças de cor de oiro e rosa,
mas dessas que o vergel das esperanças
viram secar, na idade luminosa.

Das crianças que vêm da negra noite,
dum leite de venenos e de treva,
dentre os dantescos círculos do açoite,
filhas malditas da desgraça de Eva.

E que ouvem pelos séculos afora
o carrilhão da morte que regela,
a ironia das aves rindo à aurora
e a boca aberta em uivos da procela.

Das crianças vergônteas dos escravos,
desamparadas, sobre o caos, à toa
e a cujo pranto, de mil peitos bravos,
a harpa das emoções palpita e soa.

Ó bronze feito carne e nervos, dentro
do peito, como em jaulas soberanas,
ó coração! és o supremo centro
das avalanches das paixões humanas.

Como um clarim a gargalhada vibras,
vibras também eternamente o pranto
e dentre o riso e o pranto te equilibras
de forma tal, que a tudo dás encanto.

És tu que à piedade vens descendo.
Como quem desce do alto das estrelas
e a púrpura do amor vais entendendo
sobre as crianças, para protegê-las.

És tu que cresces como o oceano, e cresces
até encher a curva dos espaços
e que lá, coração, lá resplandeces
e todo te abres em maternos braços.

Te abres em largos braços protetores,
em braços de carinho que as amparam,
a elas, crianças, tenebrosas flores,
tórridas urzes que petrificaram.

As pequeninas, tristes criaturas
ei-las, caminham por desertos vagos,
sob o aguilhão de todas as torturas,
na sede atroz de todos os afagos.

Vai, coração! na imensa cordilheira
da Dor, florindo como um loiro fruto,
partindo toda a horrível gargalheira
da chorosa falange cor do luto.

As crianças negras, vermes da matéria,
colhidas do suplício à estranha rede,
arranca-as do presídio da miséria
e com teu sangue mata-lhes a sede!

O ÓRGÃO

um largo e lento vento dormente

taciturnas lágrimas sonâmbulas, sinfônicas

um esquecimento amargo

uma sombria clausura de almas

suspirando e gemendo solitárias harmonias

Vago luar de esquecimento e prece,
dessa melancolia que anda errando
no mar e nas estrelas ondulando,
pela minh'alma etereamente desce.

Na minh'alma, dos Sonhos anoitece
o Sentimento que ando transformando
em hóstia de ouro

Sombra e silêncio

PROSA POÉTICA

TROPOS E FANTASIAS (1885)

O PADRE

A João Lopes

Um padre escravocrata!... Horror!

Um padre, o apóstolo da Igreja, que deveria ser o arrimo dos que sofrem, o sacrário da bondade, o amparo da inocência, o atleta civilizador da cruz, a cornucópia do amor, das bênçãos imaculadas, o reflexo do Cristo...

Um padre que comunga, que bate nos peitos, religiosamente, automaticamente, que se confessa, que jejua, que reza o — *Orate fratres*, que prega os preceitos evangélicos, bradando aos que caem *surge et ambula*.

Um escravocrata de... batina e breviário... horror!

Fazer da Igreja uma senzala, dos dogmas sacros leis de impiedade, da estola um vergalho, do missal um prostíbulo...

Um padre amancebado com a treva, de espingarda a tiracolo como um pirata negreiro, de navalha em punho, como um garoto, para assassinar a consciência.

Um canibal que pega nos instintos e atira-os à vala comum da noite da matéria onde se revolvem as larvas esverdeadas e vítreas da podridão moral.

Um padre que benze-se e reza, instante a instante, que gagueja à frente do cadáver o aforismo de Horácio — *Hodie mihi cras tibi*.

Um padre que deixando explodir todas todas as interjeições da ira, estigmatiza a abolição.

Ele há de fazer-se malgrado os exorcismos crus dos padres escravocratas; depende de um esforço moral e os esforços morais são, quase sempre, para a alta filosofia, — mais do que os esforços físicos — o fio condutor da restauração política de um país!...

O interesse egoístico de um indivíduo não pode prevalecer sobre o interesse coletivo de uma nação, disse-o um moço de alevantado talento, Artur Rocha.

Não é com a ênfase dogmática do didatismo ou com a fraseologia tecnológica dos cinzelados folhetins de Teófilo Gautier que o trabalho da abolição se fará.

Mas com a palavra educada, vibrante — essa palavra que fulmina — profunda, nova, salutar como as teorias de Darwin.

Com a palavra inflamável, com a palavra que é o raio e dinamite, como o era na boca de Gambetta, a maior concretização do estupendo — depois do sol.

A palavra que ri... de indignação; um riso convulso... de réprobo, funambulesco... de jogral.

Um riso que atravessa séculos como o de Voltaire.

Um riso aberto, franco, eloquentemente sinistro.

O riso das trevas, na noite do calvário.

O riso de um inferno... dantesco.

Ouves, padre?...

Compreendes, sacerdote?...

Entendes, apóstolo?...

Então para que empunhas o chicote e vais vibrando, vibrando, sem compaixão, sem amor, sem te lembrares daquele olhar doce e aflito que tinha sobre a cruz, o filho de Maria?...

O filho de Maria, sabes?!...

Aquele revolucionário do bem e aquele cordeiro manso, manso como um ósculo da alvorada nas grimpas da montanha, como o luar a se esbater num lago diamantino...

Lembras-te?!...

Era tão triste aquilo...

Não era padre, ó padre?!...

Não havia naquela suprema angústia, naquela dor cruciante, naquela agonia espedaçadora, as mesmas contorções de uma cólica frenética, os mesmos arrancos informes de um escravo?...

Não compreendes se açoitares um mísero que for pai, uma desgraçada que for mãe, as bocas dos filhinhos, daquelas criancinhas negras, sintetizando o remorso, o aguilhão da tua consciência, se abrirão nuns gritos desoladores que, como uns bisturis envenenados, trespassar-te-ão as carnes?...

Não compreendes que de seus olhos, acostumados a paralisarem-se ante ao terror, irromperão as lágrimas, esse líquido precioso das alminhas inocentes?!!...

Pois tu, nunca choraste?!...

Nunca sentiste os engasgos de um soluço saltarem-te pela garganta, quando te lembras de trocar as tuas magníficas *conquistas*, os teus manjares especiais, os teus licores dulçorosíssimos pela noite escura, muito escura, onde grasnam surdamente as aves da treva, onde Dante se acentua no *Lasciate ogni speranza*, onde os espíritos vis desaparecem e os Homeros e Camões e Virgílios surgem e se levantam pelo braço hercúleo da posteridade, pelo fôlego intérmino e secular da História?

Nunca?!...

Sim, tu estás comigo, padre!...

Estás!...

És bondoso, eu sei, tens a alma tão serena e tão lúcida como uma imagem de N. S. da Conceição.

Eu sei disso!...

Olha, quando morreres — se é que morres, irás de palmito e capela, na mudez dos justos e as virgens tímidas e cloróticas, entoando grave *De profundis*, murmurando lacrimosas:

— Coitado, foi o pai carinhoso das donzelas...

Requiescat in pace!...

Que bonito será, não!...

E depois o céu!

Sim, porque tu irás para o céu!

Não crês no céu, padre?

Pois crê, esses filólogos mentes, têm princípios errôneos e tu, padre, és um sábio...

Tu és bom...

Porém... por Deus, como é que vendes a Cristo como um quilo de carne verde no mercado?!...

Ah! É verdade, és muito pobre, andas com os sapatos rotos, não tens que comer e... és muito caridoso...

Mas, escuta, vem cá: —

Eu tenho também minhas fantasias; gosto de sonhar às vezes com o azul.

O Azul!...

Deslumbro-me quando o sol se atufa no oceano, espadanando os raios pupureados, como flechas de fogo, pela enormidade côncava do espaço; inebrio-me quando a natureza com seu tropicalismo, ergue-se do banho de alvoradas, jorrando nos organismos de ouro o licor olímpico e santo do ideal, as músicas maviosíssimas e puras da inspiração, nos crânios estrelejados!...

Pois façamos uma cousa: —

Eu escrevo um livro de versos que intitularei:

O ABUTRE DE BATINA

puros alexandrinos, todos iguais, corretos, com os acentos indispensáveis, com aquele *tic* da *sexta*, — tipo elzevir, papel melado — e ofereço-te, dou-to.

Prescindo dos meus direitos de autor e tu o assinas!...

Com os diabos, hás de ter influência no teu círculo.

Imprimes um milhão de exemplares, vende-os e assim terás *loiras* para a tua subsistência, porque tu és paupérrimo, padre, e necessitas mesmo de dinheiro, porque tens família, muitos afilhados que te pedem a bênção e precisas dar-lhes no dia de teu santo nome um mimo qualquer.

Faz isso, mas... não te metas com o abolicionismo; é a ideia que se avigora.

Talvez digas, mastigando o teu latim: — *Primo vivere deinde philosophari.*

Mas é porque tu és míope e os míopes não podem encarar o sol...

Mas eu dou-te uns óculos, uns óculos feitos da mais fina pele dos negros que tu azorragas...

Pode ser que a influência animal da matéria excite o espírito que tu... vejas.

Pode ser...

Há cegos de nascença que veem... pelos olhos da alma.

E se tu és padre e se tu és metafísico... deves ter alma...

Compreendes?...

Faz-se preciso que desapareçam os Torquemadas, os Arbues, maceradores da carne, como tu, padre.

Em vez de prédicas beatíficas, em vez de reverências hipócritas, proclama antes a insurreição...

Tens dentro de ti, bate-te no peito, nas palpitações da seiva, um coração que eu penso não ser *um músculo oco*.

Vibra-o pois, fibra por fibra, se não queres que os meus ditirambos e sarcasmos, quentes, inflamados, como brasas, persigam-te eternamente, por toda a parte, no fundo de tua consciência, como uns outros medonhos Camilos de Zola; vibra-o se não queres que eu te estoure na cabeça um conto sinistro, negro de Edgar Poe.

É tempo de zurzirmos os escravocratas no tronco do direito, à vergastadas de luz...

Sejam-te as virtudes teologais, padre, — a liberdade, a igualdade e a fraternidade — maravilhosa trilogia do amor.

Unge-te nas claridões modernas e expansivas dessas três veias — artérias da verdadeira Filosofia Universal.

MISSAL (1893)

OCASO NO MAR

Num fulgor d'ouro velho o sol tranquilamente desce para o ocaso, no limite extremo do mar, d'águas calmas, serenas, dum espesso verde pesado, glauco, num tom de bronze.

No céu de um desmaiado azul, ainda claro, há uma doce suavidade astral e religiosa.

As derradeiras cintilações doiradas do nobre Astro do dia, os navios, com o maravilhoso aspecto das mastreações, na quietação das ondas, parecem estar em êxtase na tarde.

Num esmalte de gravura, os mastros, com as vergas altas, lembrando, na distância, esguios caracteres de música, pautam o fundo do horizonte límpido.

Os navios, assim armados, com a mastreação, as vergas dispostas por essa forma, estão como que a fazer-se de vela, prontos a arrancar do porto.

Um ritmo indefinível, como a errante, etereal ex-pressão das forças originais e virgens, inefavelmente desce, na tarde que finda, por entre a nitidez já indecisa dos mastros...

Em pouco as sombras densas envolvem gradativamente o horizonte em torno, a vastidão das vagas.

Começa, então, no alto e profundo firmamento silencioso, o brilho frio e fino, aristocrático das estrelas.

Surgindo através de tufos escuros de folhagem, além, nos cimos montanhosos, uma lua amarela, de face chata de chim, verte um óleo luminoso e dormente em toda a amplidão da paisagem.

NAVIOS

Praia clara, em faixa espelhada ao sol, de fina areia úmida e miúda do cômoro.

Brancuras de luz da manhã prateiam as águas quietas, e, à tarde, coloridos vivos de ocaso as matizam de tintas rútilas, flavas, como uma palheta de íris.

Navios balanceados num ritmo leve flutuam nas vítreas ondas virgens, com o inefável aspecto das longas viagens, dos climas consoladores e meigos, sob a candente chama dos trópicos ou sob a fulguração das neves do Polo.

Alguns deles, na alegre perspectiva marinha, rizam matinalmente as velas e partem — mares a fora — visões aquáticas de panos, mastros e vergas, sobre o líquido trilho esmaltado das espumas, em busca, longe, dos ignotos destinos...

À tarde, no poente vermelho, flamante, dum rubro clarão de incêndio, os navios ganham suntuosas decorações sobre as vagas.

O brilho sangrento do ocaso, reverberando na água, dá-lhes uma refulgência de fornalha acesa, de bronze inflamado, dentre cintilações de aço polido.

Os navios como que vivem, se espiritualizam nessa auréola, neste esplendor feérico de sangue luminoso que o ocaso derrama.

E mais decorativos são esses aspectos, mais novos e fantasiosos efeitos recebem as afinadas mastreações dos navios, donde parece subir para o alto uma fluida e fina harmonia, quando, após o esmaecer da luz, a Via Láctea resplende como um solto colar de diamantes e a Lua surge opaca, embaciada, num tom de marfim velho.

ESMERALDA

No fundo verde da tela avulta em claro uma Cabeça macilenta, dolorosa, como que envolta num albornoz branco.

Toques da mesma cor garça põem-lhe leves nuances nos cabelos, nos olhos cismativos, anelantes, que têm a expressão de um desejo nômade...

Desse cromatismo de tons verdes idealizou o artista o nome da sua viva cabeça imaginária — que parece uma dessas fisionomias raras que só naturezas especiais sabem distinguir e amar, uma dessas cabeças de mulheres singulares que a dolência da paixão enervante calcinou e turvou de dores.

Do golpe rubro da boca escapa-lhe um sentimento de amargor, que a travoriza e acidula, como se um acre veneno ardente lhe estivesse sangrando os lábios.

E essa boca, assim em golpe rubro, purpurejada por um vinho secreto de ilusão antiga, destacando álacre no palor do rosto frio, como que excita aos beijos, turbilhões de beijos como de chamas...

E descendo da boca aos seios alvos de lua, a imaginação vai fantasiosamente compondo todo o corpo de Esmeralda e despindo-o à proporção que o vai compondo, despindo-o e gozando a carne cor de papoula.

E, as tintas, na tela, vivendo de impressionabilidade artística que um pincel de mão original e nervosa lhes infiltrou, como que exprimem, no colorido e no ideal da contemplativa Cabeça, a emoção vaga, aérea, de alguma formosa e amada Esmeralda virgem, perdida e morta dentre as verdes pedrarias do Mar solene...

UMBRA

Volto da rua.

Noite glacial e melancólica.

Não há nem a mais leve nitidez de aspectos, porque nem a lua, nem as estrelas, ao menos, fulgem no firmamento.

Há apenas uma noite escura, cerrada, que lembra o mistério.

Faz frio...

Cai uma chuva miúda e persistente, como fina prata fosca moída e esfarelada do alto...

À turva luz oscilante dos lampiões de petróleo, em linha, dando à noite lúgubres pavores de enterros, veem-se fundas e extensas valas cavadas de fresco, onde alguns homens ásperos, rudes, com o tom soturno dos mineiros, andam colocando largos tubos de barro para o encanamento das águas da cidade.

A terra, em torno dos formidáveis ventres abertos, revolta e calcária, com imensa quantidade de pedras brutas sobrepostas, dá ideia da derrocada de terrenos abalados por bruscas convulsões subterrâneas.

Instintivamente, diante dessas enormes bocas escancaradas na treva, ali, na rigidez do solo, sentindo na espinha dorsal, como numa tecla elétrica onde se calca de repente a mão, um desconhecido tremor nervoso, que impressiona e gela, pensa-se fatalmente na Morte...

EVOCAÇÕES (1897-1898)

TRISTE

Je devorais mes pensées comme
d'autres dévorent leurs humiliations.
(Balzac, Histoirie Intellectuelle
de Louis Lambert)

Absorto, perplexo na noite, diante da rarefeita e meiga claridade das estrelas eucarísticas, como diante de altares sidéreos para comunhões supremas, o grande Triste mergulhou taciturno nas suas profundas e constantes cogitações.

Sentado sobre uma pedra do caminho, imoto rochedo da solidão — ele, monge ou ermitão, anjo ou demônio, santo ou céptico, nababo ou miserável, ia percorrendo a escala das suas sensações, acordando da memória as fabulosas campanhas do dia, as incertezas, as vacilações, as desesperanças; inventariando com rara meticulosidade e um rigor de detalhes verdadeiramente miraculoso todos os fatos curiosos, coincidências e controvérsias engenhosas que se haviam dado durante o dia, como um gênero insólito e singular de tortura nova.

As estrelas resplandeciam com a sua doce e úmida claridade terna, lembrando espíritos fugitivos perdidos nos espaços para, compassivamente, entre soluços, conversar com as almas...

E o grande Triste, então, prosseguia no seu monólogo esquisito, mentalmente pensado e sentido e que de tão violento que era nos fundos conceitos, naturalmente até os mais revolucionários e independentes do espírito achariam, por certo, ser um monólogo injusto, pessimista, cruel:

— E assim vai tudo no grande, no numeroso, no universal partido da Mediocridade, da soberana Chatez absoluta!

O caso está em ser ou parecer surdo e cego, em tudo e por tudo, conforme as conveniências o exigem.

Pôr a mão, de dedos abertos, sobre o rosto e parecer, fingir não ver e passar adiante, porque as conveniências o exigem.

Essa é que é afinal a teoria cômoda dos tempos e que os tempos seguem à risca, a todo transe, ferozmente, selvagemente, com o queixo inabalável, duro, inacessível ao célebre e pitoresco freio da Civilização, protegendo-se contra o perigoso assalto da Lucidez.

— Apaguem o sol, apaguem o sol, pelo amor de Deus; fechem esse incomodativo gasômetro celeste, extingam a luz dessa supérflua lamparina de ouro, que nos ofusca e irrita; matem esse moscardo monótono e monstruoso que nos morde, é o que clamam os tempos. Deixem-nos gozar a bela expressão — locomotiva do progresso — tão suficiente e verdadeira e que cabe tanto na agradável e estreita órbita em que giramos e não nos aflijam e escandalizem com os tais pensamentos, com as tais espiritualidades, com a tal arte legítima e outros paradoxos da loucura. Deixem-nos pantagruelicamente patinhar, suinar aqui no nosso lodoso e vasto buraco chamado mundo, anediando pacatamente os ventres velhos e sagrados, eis o que dizem os tempos. Que excelente, que admirável regalo se a humanidade se tornasse toda ela numa máquina de boas válvulas de pressão, um simples aparelho útil e econômico, do mais irrefutável interesse — sem saudade, sem paixão, sem amor, sem sacrifício, sem abnegação, sem Sentimento, enfim! Que admirável regalo!

Inútil, pois, continua a sonhar o Triste, todo o estrelado valor e bizarro esforço novo das minhas asas, todo o egrégio sonho, orgulho e dor, sombrias majestades que me coroam — monge ou ermitão, anjo ou demônio, santo ou cético, nababo ou miserável, que eu sou — inútil tudo...

Por mais desprezível que fosse esta procedência, ainda que eu viesse de salsugem do mar das raças, não seria tanta nem tamanha a minha atroz fatalidade do que tenho nascido dotado com os peregrinos dons intelectuais.

Assim, dada a situação confusa, esquerda, tumultuária, do centro onde vou agindo, estas nobres mãos, feitas para a colheita dos astros, têm de andar e remexer estrume, imundície, detritos humanos.

Adaptações, pastiches, intelectualismos, espécie de verdadeiros enxertos da Inteligência, esses, florescem fáceis logo, porque bem difícil e raro é determinar a pureza infinitamente delicada, sentir onde reside o fio profundo, a linha sutil divisória que separa, como por maravilhoso traço de fogo, os Dotados, dos Feitos ou Transplantados.

E, pois, com a alma tocada de uma transcendente sensibilidade e o corpo preso ao grosso e pesado cárcere da matéria, irei tragando todas as ofensas, todas as humilhações, todos os aviltamentos, todas as decepções, todas as deprimências, todos os ludíbrios, todas as injúrias, tudo, tudo tragando como brasas e ainda cumprimentos para cá, cumprimentos para lá, para não suscetibilizar as vaidades e presunções ambientes.

Como flechas envenenadas tenho de suportar sem remédio as piedades aviltantes, as compaixões amesquinhadoras, todas as ironiazinhas anônimas, todos os azedumes perversos e tediosos da Impotência ferida.

Tenho que tragar tudo e ainda curvar a fronte e ainda mostrar-me bem inócuo, bem oco, bem energúmeno, bem mentecapto, bem olhos arregalados e bem boca escancaradamente aberta ante a convencional banalidade. Sim! suportar tudo e cair admirativamente de joelhos, batendo o peito, babando e beijando o chão e arrependendo-me do irremediável pecado ou do crime sinistro de ver, sonhar, pensar e sentir um pouco... Suportar tudo e obscurecer-me, ocultar-me, para não sofrer as visagens humanas. Encolher-me, enroscar-me todo com o caracol, emudecer, apagar-me, numa modéstia quase ignóbil e obscena, quase servil e quase cobarde, para que não sintam as ansiedades e rebeliões que trago, os Idealismos que carrego, as Constelações a que aspiro... Recolher-me bem para a sombra da minha existência, como se já estivesse na cova, a minha boca contra a boca fria da terra, no grande beijo espasmódico e eterno, entregue às devoradoras nevroses macabras, inquisitoriais, do verme, para que assim nem ao menos a respiração do meu corpo possa magoar de leve a pretensão humana.

E, sobretudo, nem afirmar nem negar: — ficar num meio termo cômodo, aprazivelmente neutral.

Que até nem mesmo eu possa, na melancolia crepuscular dos tempos, dar com unção emotiva e com cordialidade o braço a certos profundos e obscuros Segredos íntimos e, levemente irônico e pungido de dolência, errar e conversar com eles através das avenidas sombrias de minh'alma.

Nada de pairar acima de tudo isto que nos cerca, dos turbilhões ignaros do rumor humano, deste estrondo atroador de rugidos, desta ondulante matéria, desta convulsão de lama, acima mesmo destas Esferas que cantam a luz pela boca dos astros.

E que o mundo veja e sinta que eu o conheço e compreendo, e que apesar da obscuridade com que me atrito comumente com ele, apesar dos contactos execrandos na rodante contingência da Vida, tenho-o como que fechado nesta pequena e frágil mão mortal.

Dizendo tudo ao mundo, originalmente tudo, com o verbo inflamado em vertigens e chamas da mais alta eloquência, que só um complexo e singular sentimento produz, o mundo, espantado da minha ingenuidade, fugirá instintivamente de mim, mais do que de um leproso.

E até mesmo lá numa certa e feia hora em que se abre na alma de certos homens uma torporizada flor tóxica de perversidade, lá muito no íntimo, lá bem no recesso das suas consciências, nuns vagos instantes vesgos e oblíquos, quantos dos mais generosos amigos não acharão, embora falando baixo, muito baixo, como quem num piscar de olhos ao próprio eu, mais ridículo que doloroso o meu interminável Sofrimento!

Mas, por mais que me humilhe, abaixe resignado a desolada cabeça, me faça bastante eunuco, não murmure uma sílaba, não adiante um gesto, ande em pontas de pés como em câmaras de morte, sufoque a respiração, não ouse levantar com audácia os olhos para os graves e grandes senhores do saber; por mais que eu lhes repita que não me orgulho do que sei, mas sim do que sinto, porque quanto ao saber eles podem ficar com tudo; por mais que lhes diga que eu não sou deste mundo, que eu sou do Sonho; por mais que eu faça tudo isto, nunca eles se convencerão que me devem deixar livre, à lei da Natureza, comtemplando, mudo e isolado, a eloquente Natureza.

E, então, assim, infinitamente triste, réprobo, maldito, secular Ahasverus do Sentimento, de martírio em martírio, de perseguição em perseguição, de sombra em sombra, de silêncio em silêncio, de desilusão em desilusão, irei como que lentamente subindo por sete mil gigantescas escadas em confusas espirais babélicas e labirínticas, como que feitas de sonhos. E essas sete mil escadas babilônicas irão dar a sete mil portas formidáveis, essas sete mil portas e essas sete mil escadas correspondendo, como por provação das minhas culpas, aos setes pecados mortais.

E eu baterei, por tardos luares mortos, baterei, baterei sem cessar, cheio de uma convulsa, aflitiva ansiedade, a essas sete mil portas — portas de mármore, portas de bronze, portas de pedra, portas de chumbo, portas de aço, portas de ferro, portas de chama e portas de agonia — e as sete mil portas sete mil vezes tremendamente fechadas a sete mil profundas chaves, seguras, nunca se abrirão, e as sete mil misteriosas portas mudas não cederão nunca, nunca, nunca!...

Num movimento nervoso, entre desolado e altivo, da excelsa cabeça, como esse augusto agitar de jubas ou esse nebuloso estremecimento convulso de sonâmbulos que acordam, o grande Triste levantara-se, já, decerto, por instantes emudecida a pungente voz interior que lhe clamava no espírito.

De pé agora, em toda a altura do seu vulto agigantado, arrancado talvez a flancos poderosos de Titãs e fundido originalmente nas forjas do sol, o grande Triste parecia maior ainda, sob os constelados diademas noturnos.

As estrelas, na sua doce e delicada castidade, tinham agora um sentimento de adormecimento vago, quase um velado de comovento carinho, lembrando espíritos fugitivos perdidos nos espaços para, compassivamente, entre soluços, conversar com as almas...

E, na angelitude das estrelas contemplativas, na paz suave, alta e protetora da noite, o grande Triste desapareceu, — lá se foi aquele errante e perpétuo Sofrimento, lá se foi aquela presa dolorosa dos ritmos sombrios do Infinito, tristemente, tristemente, tristemente...

DOR NEGRA

E como os Areais eternos sentissem fome e sentissem sede de flagelar, devorando com as suas mil bocas tórridas todas as raças da Maldição e do Esquecimento infinito, lembraram-se, então, simbolicamente da África!

Sanguinolento e negro, de lavas e de trevas, de torturas e de lágrimas, como o estandarte mítico do Inferno, de signo de brasão de fogo e de signo de abutre de ferro, que existir é esse, que as pedras rejeitam, e pelo qual até mesmo as próprias estrelas choram em vão milenariamente?!

Que as estrelas e as pedras, horrivelmente mudas, impassíveis, já sem dúvida que por milênios se sensibilizaram diante de tua Dor inconcebível, Dor que de tanto ser Dor perdeu já a visão, o entendimento de o ser, tomou decerto outra ignota sensação da Dor, como um cego ingênito que de tanto e tanto abismo ter de cego sente e vê na Dor uma outra compreensão da Dor e olha e palpa, tateia um outro mundo de outra mais original, mais nova Dor.

O que canta Réquiem eterno e soluça e ulula, grita e ri risadas bufas e mortais no teu sangue, cálix sinistro dos calvários do teu corpo, é a Miséria humana, acorrentando-te a grilhões e metendo-te ferros em brasa pelo ventre, esmagando-te com o duro coturno egoístico das Civilizações, em nome, no nome falso e mascarado de uma ridícula e rota liberdade, e metendo-te ferro em brasa pela boca e metendo-te ferros em brasa pelos olhos e dançando e saltando macabramente sobre o lodo argiloso dos cemitérios do teu Sonho.

Três vezes sepultada, enterrada três vezes: na espécie, na barbaria e no deserto, devorada pelo incêndio solar como por ardente lepra sidérea, és a alma negra dos supremos gemidos, o nirvana negro, o rio grosso e torvo de todos os desesperados suspiros, o fantasma gigantesco e noturno da Desolação, a cordilheira monstruosa dos ais, múmia das múmias mortas, cristalização d'esfinges, agrilhetada na Raça e no Mundo para sofrer sem piedade a agonia de uma Dor sobre-humana, tão venenosa e formidável, que só ela bastaria para fazer enegrecer o sol, fundido convulsamente e espasmodicamente à lua na cópula tremenda dos eclipses da Morte, à hora em que os estranhos corcéis colossais da Destruição, da Devastação, pelo Infinito galopam, galopam, colossais, colossais, colossais...

NO INFERNO

Mergulhando a Imaginação nos vermelhos Reinos feéricos e cabalísticos de Satã, lá onde Voltaire faz sem dúvida acender a sua ironia rubra como tropical e sanguíneo cáctus aberto, encontrei um dia Baudelaire, profundo e lívido de clara e deslumbradora beleza, deixando flutuar sobre os ombros nobres a onda pomposa da cabeleira ardentemente negra, onde dir-se-ia viver e chamejar uma paixão.

A cabeça triunfante, majestosa, vertiginada por caprichos d'onipotência, circulada de uma auréola de espiritualização e erguida numa atitude de voo para as incoercíveis regiões do Desconhecido, apresentava, no entanto, imenso desolamento, aparências pungentes de angústia psíquica, fazendo evocar os vagos infinitos místicos, as supremas tristezas decadentes dos opulentos e contemplativos ocasos...

Como que a celeste imaculabilidade, a candidez elísea de um Santo e a extravagante, absurda e inquisidora intuição de um Demônio dormiam longa e promiscuamente sonos magos naquela ideal e assinalada cabeça.

A face, branca e lânguida, escanhoada como a de um grego, destacava calma, num vivo relevo, dentre a voluptuosa noite de azeviche molhado, poderosa e tépida, da ampla cabeleira.

Nos olhos dominadores e interrogativos, cheios de tenebroso esplendor magnético, pairava a ansiedade, uma expressão miraculosa, um sentimento inquietador e eterno de Nomadismo...

A boca, lasciva e violenta, rebelde, entreaberta num espasmo sonhador e alucinado, tinha brusca e revoltada expressão dantesca e simbolizava aspirar, sofregamente, anelantemente, intensos desejos dispersos e insaciáveis.

Parecia-me surpreender nele grandes garras avassaladoras e grandes asas geniais arcangélicas que o envolviam todo, condoreiramente, num vasto manto soberano.

Era no esdrúxulo, luxuoso e luxurioso parque de Sombras do Inferno.

Em todo o ar, d'envolta com um cheiro resinoso e acre de enxofre, evaporizava-se uma azulada tenuidade brumosa, fazendo fugitivamente pensar no primitivo Caos donde lenta e gradativamente se geraram as cores e as formas...

Como que diluente, fina harmonia de violinos vagos abstrusamente errava em ritmos diabólicos...

Árvores esguias e compridíssimas, em alamedas intermináveis e sombrias, lembrando necrópoles, apresentavam troncos estranhos que tinham aspectos curiosos, conformações inimagináveis de enormes tóraces humanos, fazendo pender fantásticas ramagens de cabelos revoltos, desgrenhados, como por estertorosa agonia e convulsão.

Pelas longas alamedas exóticas do fabulo parque, deuses hirsutos, de patas caprinas e peluda testa cornoide, riam com um riso áspero de gonzo, numa dança macabra de gnomos, cabriolando bizarros.

De vez em quando, as suas asas fulgurantes, furta-cores e fortes, ruflavam e relampejavam...

Baudelaire, no entanto, suntuoso e constelado firmamento de alma refletindo em lagos esverdeados e mornos, donde fecundas e esquisitas vegetações como que sonâmbula e nebulosamente emergem, estava mudo, imóvel, com o seu perfil suavemente cinzelado e fino, fazendo lembrar a figura austera e altiva, a alada graça perfeita de um deus de cristal e bronze, — tranquilamente de pé, como num sólio real, na posição altanada de quem vai prosseguir nos excelsos caminhos dos inauditos Desígnios...

Por conhecer-lhe os ímpetos, as alucinações da audácia, as indomabilidades estesíacas, os alvoroços idiossincráticos da Fantasia, eu imaginava encontrá-lo, vê-lo revoltamente arrebatado para os convulsos Infinitos da Arte por potentes, negros e rebelados corcéis de guerra.

Mas, a sua atitude serena, concentrada, isolada de tudo, traía a meditação absorvente, fundamental, que o encerrava transcendentemente no Mistério.

E eu, então, murmurei-lhe, quase em segredo:

— Charles, meu belo Charles voluptuoso e melancólico, meu Charles *nonchalant*, nevoento aquário de *spleen*, profeta muçulmano do Tédio, ó Baudelaire desolado, nostálgico e delicado! Onde está aquela rara, escrupulosa psicose de som, de cor, de aroma, de sensibilidade; a febre selvagem daqueles bravios e demoníacos cataclismos mentais; aquela infinita e arrebatadora

Nevrose, aquela espiritual doença que te enervava e dilacerava?

Onde está ela? Os tesouros d'ouro e diamante, as pedrarias e marchetarias do Ganges, as púrpuras e estrelas dos firmamentos indianos, que tu nababescamente possuíste, onde estão agora?

Ah! se tu soubesses com que encanto ao mesmo tempo delicioso e terrível, inefável, eu gozo todas as tuas complexas, indefiníveis músicas; os teus asiáticos e letíficos aromas de ópios e de nardos; toda a mirra arábica, todo o incenso litúrgico e estonteante, todo o ouro régio tesourial dos teus Sonhos Magos, magnificentes e insatisfeitos; toda a tua frouxa morbidez, as doces preguiças aristocráticas e edênicas de decaído Arcanjo enrugado pelas Antiguidades da Dor, mas inacessível e poderoso, mergulhado no caos fundo das Cismas e de cuja Onisciência e Onipotência divinas partem ainda, excelsamente, todos os Dogmas, todos os Castigos e Perdões!

Oh! que demorados e travorosos sabores experimento com o quebranto feminil das tuas volubilidades mentais de bandoleiro...

Essa alma de funestos Signos, como que gerada dentro de atordoante e feiticeiro sol africano, com todas as evaporações flamívomas, com todas as barbarias das florestas, com todo o vácuo inquietante, desolador, inenarrável, dos desertos, flexibiliza-se, vitrabiliza-se, adquire suavidades paradisíacas de açucenais sidéreos, do céu espiritualizado pelos mortuários círios roxos dos ocasos...

Açula-me a desvairadora sede, espicaça-me a ansiedade indomável de beber, de devorar, sorvo a sorvo, sofregamente, o extravagante Vinho turvo, de lágrimas e sangue, que orvalha, como um suor de agonias, todas essas olímpicas e monstruosas florações do teu Orgulho.

Ah! se tu soubesses como eu intensamente sinto e intensamente percebo todos os teus alanceados, lacerados anseios, todas as tuas absolutas tristezas dormentes e majestosas, o grande e longo chorar, o desmantelamento vertiginoso das tuas noites soturnas, as fascinadoras ondas febris e ambrosíacas da tua insana volúpia, as bizarrarias e milagrosos aspectos da tua Rebelião sagrada; a fulminativa ironia dolorida e gemente, que evoca melancolias de dobres pungentes de *Requiem aeternam* rolando através de um dia de sol e azul, vibrados numa torre branca junto ao Mar!... Como eu ouço religiosamente, com unção profunda, as tuas Preces soluçantes, as tuas convulsas orações do Amor! Como são fascinativos, tentadores e embriagantes os perfumosos falernos da tua sensação, os esquecidos Reinados enevoados e exóticos onde a tua clamante e evocativa Saudade implorativa e contemplativamente canta, ondula e freme com lascívia e *nonchalance*! A tua inviolável e milenária Saudade, velha e antiga Rainha destronada, aventurosa e famosa, que erra nos brumosos e vagos infinitos do Passado, como através das luas amarguradas e taciturnas do templo! A tua lancinante Saudade de beduíno, perdida, peregrinante por países já adormecidos nas eras, remotos, longe, nos neblinamentos da Quimera, onde os teus desejos agitados e melancólicos tumultuam numa febre de mundos multiformes de germens, em estremecimentos sempiternos; onde as tuas carícias nervosas e felinas sibaritamente dormem ao sol e espojam-se com sensualidade, num excitamento vital frenético de se perpetuarem com os aromas cálidos, com os cheiros fortes que impressionativos e afrodisíacos provocam, atacam, cocegam e ferem de extrema sensibilidade as tuas aflantes e capras narinas!

Ah! como eu supremamente vejo e sinto todo esse esplendor funambulesco e todas essas magnificências sinistras do teu *Pandemonium* e do teu *Te Deum*!

Ó Baudelaire! Ó Baudelaire! Ó Baudelaire! Augusto e tenebroso Vencido! Inolvidável Fidalgo de sonhos de imperecíveis elixires! Soberano Exilado do Oriente e do Letes! Três vezes com dolência clamando pelas fanfarras plangentes e saudosas da minha Evocação! Agora que estás livre, purificado pela Morte, das argilas pecadoras, eu vejo sempre o teu Espírito errar, como veemente sensação luminosa, na Aleluia fúlgida dos Astros, nas pompas e chamas do Setentrião, talvez ainda sonhando, nos êxtases apaixonados do Sonho...

E a singular figura de Baudelaire, alta, branca, fecundada nas virgens florescências da Originalidade, continuava em silêncio, impassível, dolorosamente perdida e eternizada nas Abstrações supremas...

E, enquanto ele assim imergia no Intangível azul, velhos deuses capros, teratológicos Diabos lúbricos e tábitos, desapercebidos desse egrégio vulto satânico, cismativo e sombrio, dançavam, saltavam, infernalmente gralhando e formando no ar quente, em vertigens de diabolismos, os mais curiosos e simbólicos hieróglifos com a flexibilidade e deslocamento acrobático e mágico dos hirsutos corpos peludos e elásticos...

Mas, em meio do misterioso parque, elevava-se uma árvore estranha, mais alta e prodigiosa que as outras, cujos frutos eram astros e cujas grandes e solitárias flores de sangue, grandes flores acerbas e temerosas, flores do Mal, ébrias de aromas mornos e amargos, de dolências tristes e búdicas, de inebriamentos, de segredos perigosos, de emanações fatais e fugitivas, de fluidos de venenosas mancenilhas, deixavam languidamente escorrer das pétalas um óleo flamejante.

E esse óleo luminoso e secreto, escorrendo com abundância pelo maravilhoso parque do Inferno, formava então os rios fosforescentes da Imaginação, onde as almas dos Meditativos e Sonhadores, tantalizadas de tédio, ondulavam e vagavam insaciavelmente...

BALADA DE LOUCOS

Oui, nulle souffrance ne se perd, toute douleur fructifie, il en reste un arome subtil qui se répand indefiniment dans le monde!
(M. de Vogué)

Mudos atalhos a fora, na saturnidade de alta noite, eu e ela, caminhávamos.

Eu, no calabouço sinistro de uma dor absurda, como de feras devorando entranhas, sentindo uma sensibilidade atroz morder-me, dilacerar-me.

Ela, transfigurada por tremenda alienação, louca, rezando e soluçando baixinho rezas bárbaras.

Eu e ela, ela e eu! — ambos alucinados, loucos, na sensação inédita de uma dor jamais experimentada.

A pouco e pouco — dois exilados personagens do Nada — parávamos no caminho solitário, cogitando o rumo, como, quando se leva a enterrar alguém, as paradas rítmicas do esquife...

Eram em torno paisagens tristes, torvas, árvores esgalhadas nervosamente, epilepticamente — espectros de esquecimento e de tédio, braços múltiplos e vãos sem apertar nunca outros braços amados!

Em cima, na eloquência lacrimal do céu, uma lua de últimos suspiros, morta, agoniadamente morta, sonhadora e niilista cabeça de Cristo de cabelos empastados nos lívidos suores e no sangue negro e esverdeado das letais gangrenas.

Eu e ela caminhávamos nos despedaçamentos da

Angústia, sem que o mundo nos visse e se apiedasse, como duas Chagas obscuras mascaradas na Noite.

Longe, sob a galvanização espectral do luar, corria uma língua verde de oceano, como a orla de um eclipse...

O luar plangia, plangia, como as delicadas violetas doentes e os círios acesos das suas melancolias, as fantasias românticas de sonhador espasmado.

Parecia um foco descomunal de tocheiros ardendo mortuariamente.

A pouco e pouco — dois exilados personagens do Nada — parávamos no caminho solitário, cogitando o rumo, como, quando se leva a enterrar alguém, as paradas rítmicas do esquife...

Beijos congelados, as estrelas violinavam a sua luz de eternidade e saudade.

E a louca lúgubres litanias rezava sempre, soluços sem o limitado do descritível — dor primeira do primeiro ser desconhecido, originalidade inconsciente de um dilaceramento infinitamente infinito.

Eu sentia, nos lancinantes nirvanescimentos daquela dor louca, arrepios nervosos de transcendentalismos imortais!

O luar dava-me a impressão difusa e dormente de um estagnado lago sulfurescente, onde eu e ela, abraçados na suprema loucura, ela na loucura do Real, eu na loucura do Sonho, que a Dor quinta-essenciava mais, fôssemos boiando, boiando, sem rumos imaginados, interminamente, sem jamais a prisão do esqueleto humano dos organismos — almas unidas, juntas, só almas vagando, almas, só almas gemendo, almas, só almas sentindo, desmolecularizadamente...

E a louca rezava e soluçava baixinho rezas bárbaras.

Um vento erradio, nostálgico, como primitivos sentimentos que se foram, soprava calafrios nas suas velhas guslas.

De vez em quando, sobre a lua, passava uma nuvem densa, como a agitação de um sudário, a sombra da asa de uma águia guerreira, o luto das gerações.

De vez em quando, na concentração esfingética de todos os meus sofrimentos, eu fechava muito os olhos, como que para olhar para o outro espetáculo mais fabuloso e tremendo que acordava tumulto dentro de mim.

De vez em quando um soluço da louca, vulcanizada balada negra, despertava-me do torpor doloroso e eu abria de novo os olhos.

E outro soluço, outro soluço para encher o cálix daquele Horto, outro soluço, outro soluço.

E todos esses soluços parecia-me subirem para a lua, substituindo miraculosamente as estrelas, que rolavam, caíam do Firmamento, secas, ocas, negras, apagadas, como carvões frios, porque sentiam, talvez! que só aqueles obscuros soluços mereciam estar lá no alto, cristalizados em estrelas, lá no Perdão do Céu, lá na Consolação azul, resplandecendo e chamejando imortalmente em lugar dos astros.

A pouco e pouco — dois exilados personagens do Nada — parávamos no caminho solitário, cogitando o rumo, como, quando se leva a enterrar alguém, as paradas rítmicas do esquife...

O vento, queixa vaga dos túmulos, esperança amarga do passado, surdinava lento.

De instante a instante eu sentia a cabeça da louca pousada no meu ombro, como um pássaro mórbido, meiga e sinistra, de uma doçura e arcangelismo selvagem e medroso, de uma perversa e febril fantasia nirvanizada e de um sacrílego erotismo de cadáveres. Ficava tocada de um pavor tenebroso e sacro, uma coisa como que a Imaginativa exaltada por cabalísticos aparatos inquisitoriais, como se do seu corpo se desprendessem, enlaçando-me, tentáculos letárgicos, veludosos e doces e fascinativos de um animal imaginário, que me deliciassem, aterrando...

Eu a olhava bem na pupila dos grandes olhos negros, que, pela contínua mobilidade e pela beleza quente, davam a sugestão de dois maravilhosos astros, raros e puros, abrindo e fechando as chamas no fundo mágico, feérico da noite.

Naquela paisagem extravagante parecia passar o calafrio aterrador, a glacial sensação de um hino negro cantado e dançado agoureiramente por velhas e espectrais feiticeiras nas trevas...

A lua, a grande mágoa requintada, a velha lua das lágrimas, plangia, plangia, como que na expressão angustiosa, na sede mais cega, na mais latente ansiedade de dizer um segredo do mundo...

E eu então nunca mais, nunca mais me esquecerei daqueles ais terríveis e evocativos, daquelas indefiníveis dolências, daquela convulsiva desolação, que sempre pungentemente badalará, badalará, badalará, na minh'alma dobres agudos e lutuosos de uma Ave-Maria maldita de agonias, como se todos os bons Anjos da Mansão se rebelassem um dia contra mim cantando em coro reboantes, conclamantes hosanas de perseguição e de fel!

Nunca! nunca mais se me apagará do espírito essa

paisagem rude, bravia, envenenada e maligna, todo aquele avérnico e irônico Pitoresco lúgubre, por entre o qual silhueticamente desfilamos, eu, alucinado num sonho mudo, ela, alienada, louca — simples, frágil, pequenina e peregrina criatura de Deus, abrigada nos caminhos infinitos deste tumultuoso coração.

Só quem sabe, calmo e profundo, adormecer um pouco com os seus desdéns serenos e sagrados pelo mundo e escutou já, de manso, através das celas celestes do mistério das almas, uma dor que não fala, poderá exprimir a sensação aflitíssima que me alanceava...

Ah! eu compreendia assim os absolutos Sacrifícios que redimem, as provações e resignações que transfiguram e renovam o nosso ser! Ah! eu compreendia que um Sofrimento assim é um talismã divino concedido a certas almas para elas adivinharem com ele o segredo sublime dos Tesouros imortais.

Um Sofrimento assim despertava em mim outras cordas, fazia soar outra obscura música. Ah! eu me sentia viver desprendido das cadeias banais da Terra e pairando augustamente naquela Angústia tremenda, que me espiritualizava e disseminava nas Forças repurificantes da Eternidade!

E como dentro de mim estava aberto para ela o suntuoso altar da Piedade e da Ternura, eu, com supremos estremecimentos, acariciava essa alucinada cabeça, eu a levantava sobre o altar, acendia todas as prodigiosas e irisantes luzes a esse fantasma santo, que ondulava a meu lado, no soturno e solene silêncio de fim daquela sonâmbula peregrinação, como se ambos os nossos seres formassem então o centro genésico do novo Infinito da dor!

IMPRESSÕES

Através das verdejantes colinas do Sul, a noite de São João tem a graça pitoresca de uma animada pintura, tornando vivo o clarão de amor das cousas adormecidas ou mortas nas recordações passadas.

Ora é uma beira de praia, ora é num trecho de rua que se passam essas cenas de costumes, esses episódios característicos, cheios de um encanto virgem, que afagam a nossa memória.

Desceu a noite já!

É num luar de junho.

As verduras, pulverizadas de luz, escorrendo prata líquida, numa crua irradiação branca, reluzem com a nitidez e brilho dos alvos flocos de neve.

Para lá da terra firme, além de uma curta divisa de mar manso, navegável em canoas, num ponto em que os olhos distinguem claramente bem, uma aragem fresca, leve, como um sopro musical de flauta campestre, afla nos canaviais viçosos que se agitam suavemente.

Porém, na rua, umas vozes cantantes, cheias de mocidade e frescura, gritam alto, sonoras:

— Olá João, anda cá! Hoje é teu dia. Viva S. João! Viva S. João!

E o João, um rapaz que passara assobiando, jovial, franco, na alegria de sua alma chã, entra numa venda, paga vinho — um vinho cor de topázio bebido entre a algazarra dos companheiros e os bruscos entusiasmos do taverneiro, que faz tinir as moedas, todo risonho, na gaveta do balcão.

— E as canas, João, e as canas! — repetem as vozes.

E o João paga de novo e de novo a algazarra cresce, os vivas, as aclamações, os prazeres acesos nas almas desses bons rapazes, como as *bichas* e os *buscapés* que eles soltam nos largos, por troça, em meio de muita gente reunida, dispersando e alvoroçando tudo, entre galhofas e risadas.

Mas a noite de S. João dobra de encantos e de enlevos.

Agora, fogueiras crepitantes estendem a sua ardente chama, loura e alegre, na frente das casas, dourando-as. Agora, a rapaziada, crianças saltam as fogueiras; velhos de cócoras ou sentados em redor contam uns aos outros histórias cabalísticas de bruxas e almas do outro mundo, e, aquecendo-se do frio da noite, esfregam confortavelmente as mãos, fazendo às vezes ressoar no claro ar sereno a nota cristalina de uma cantiga de ritmo simples, como *motivo* da festa, tremida e repinicada na voz, misteriosa e cheia de saudades amadas.

Agora são as novenas nos lares — a velhas novenas que de tão longe vêm na religião, como ainda um doloroso soluço atormentado dessa fanática e sonâmbula Idade Média...

Numa sala, ao centro de um altar armado em dossel, resplandecente de luzes, de alfaias, de jarras azuis e de flores, S. João Batista, com o seu rosto roliço e doce, destaca, sorrindo, de um quadro de moldura dourada, em estampa, do fundo de um nimbo cinzento, cabeleira crespa, faces coloridas, abraçado ao cordeiro manso, que olha para a gente com os seus olhos pequeninos, plenos de docilidade e de paz.

E, depois da novena cantarolada numa lúgubre melopeia, a rapaziada cai na arrastação dos pés, e dança, gingando, com os voluptuosos requebros e bamboleios quentes da raça.

No intervalo das danças, bebe-se Carlsberg e comem-se belos bom-bocados saborosos que cocegam aperitivamente o céu da boca, e as brancas ou rosadas *cocadas*, em forma de estrela, que lembram a Bahia, tal é o paladar do coco de que elas são feitas.

No meio disso tira-se a sorte, numa espécie de consulta ao destino: para saber se morrerá cedo ou tarde, se casará, se terá este ou aquele desejo. Passatempo esse que dá às pessoas que nele tomam parte um contentamento e uma felicidade que iluminam as fisionomias, remoçando e fortalecendo a velhice e consolando de esperança a todos.

No fim desse contratempo e das últimas contradanças de grandes e frenéticos galopes, todo o mundo volta para casa, tarde bastante, no frio silêncio hibernal da longa noite já sem lua, mas estrelada, de um amarelado tom esmaecido de madrugada cor de limão.

Nem mais um só ruído notável do prazer se escuta na rua.

Apenas, a essa alta hora, um ou outro foguete tardio, ao longe, aqui e ali, como esquecido elemento da festa ou indiferente conviva que chega tarde, estala e brilha no ar saudosamente.

DADOS BIOGRÁFICOS

João da Cruz e Sousa nasceu em 24 de novembro de 1861, em Nossa Senhora do Desterro, capital da Província de Santa Catarina. Hoje esta cidade se chama Florianópolis, nome dado em homenagem ao Marechal Floriano Peixoto, Presidente da República, depois da severa repressão promovida por seu preposto, o Coronel Moreira César, quando da chamada Revolução Federalista e da Revolta da Armada, de 1893 a 1895.

O nome João da Cruz vinha do santo do dia, o místico e poeta ibérico San Juan de la Cruz. Sousa era o nome da família de Guilherme Xavier de Sousa, Coronel e depois Marechal de Campo, proprietário e a seguir protetor dos pais do poeta, que tinham sido seus escravos. Ao partir para a Guerra do Paraguai, em 1865, Guilherme Xavier alforriara todos os seu escravos. Naquela guerra chegou a exercer o comando militar de Assunção, quando ocupada pelas tropas da Tríplice Aliança, Brasil, Uruguai e Argentina.

Crus e Sousa era filho de Guilherme, mestre pedreiro, e Carolina Eva da Conceição, lavadeira e cozinheira. Guilherme, o escravo, viera a pertencer a Guilherme, o senhor, por herança. Carolina Eva fora liberta no dia do seu casamento.

O Coronel Guilherme e sua esposa, Dna. Clarinda Fagundes de Sousa, não tinham filhos. Criaram Cruz e Sousa como se fosse um. Aprendeu este as primeiras letras com Dna. Clarinda. Em 1871 entrou no Ateneu Provincial Catarinense. Seu protetor, o já Marechal Guilherme, morrera em 1870. As condições de vida tornaram-se mais duras para ele e a família. Mas o sucesso escolar compensava as agruras, acenando-lhe com um futuro promissor para um filho de ex-escravos. A partir de 1877 começou a dar aulas particulares, preparando candidatos a vagas de professor. Sabia fran-cês, e impressionara seus mestres, a ponto do naturalista alemão Fritz Müller citá-lo em carta ao irmão, em 1876, como exemplo de sua crença nas falsidade das teorias racistas que negavam a capacidade intelectual dos negros.

Em 1868 já lia seus poemas no ambiente doméstico. Em 1869 começou a lê-los em público, com agrado dos ouvintes. Em 1877 passou a publicá-los em jornais de Santa Catarina. A partir daí participou cada vez mais intensamente da vida intelectual de Desterro. Em 1881 ele e seus amigos Virgílio Várzea e Santos Lostada fundaram um jornal literário – o *Colombo*. Entre este ano e o de 1883 ocupou o cargo de ponto da Companhia Dramática Julieta dos Santos, viajando com ela por todo o Brasil.

Por essa época começou a fazer conferências de propaganda abolicionista. Em 1884 o Presidente da Província, Francisco Luís da Gama Rosa, o nomeou para o cargo de Promotor na cidade de Laguna. Mas Cruz e Sousa não conseguiu sequer assumir o cargo, diante da reação preconceituosa dos chefes políticos locais. Deste ano até o de 1888 trabalhou em jornais, revistas, e no Centro de Imigração da Província. Em 1886 foi ao Rio Grande do Sul, sendo recebido triunfalmente como poeta já de prestígio.

No ano de 1888, Cruz e Sousa foi ao Rio de Janeiro, a convite de Oscar Rosas. Lá conheceu o poeta Luís Delfino, seu conterrâneo. Em termos de literatura, Cruz e Sousa aprofundava e ampliava suas leituras. Já lera obras de Charles Baudelaire, de Giacomo Leopardi, de Guerra Junqueiro, de Antero de Quental. Passou a ler ainda as de Leconte de Lisle, de Gustave Flaubert, de Théophile Gautier, de Guy de Maupassant, e de outros poetas brasileiros e portugueses. Sua produção poética dessa época assumiu traços parnasianos, e ele acabou tornando-se um dos grandes cultores do soneto.

Voltou ainda ao Desterro, mas em 1891 transferiu-se de vez para a ex-Corte, agora Capital da República. Aí começou a colaborar nas revistas literárias e conseguiu um emprego regular. Foi chamando cada vez mais a atenção da intelectualidade local, em particular dos de origem sulina. Entre estes tinham forte impacto as ideias de um novo movimento literário que, como de costume, vindo da França, aqui deitava raízes: o Simbolismo. A partir de 1891, Cruz e Sousa começou a interessar-se pelas *novas ideias*.

Em 1893 casou-se com Gavita Rosa Gonçalves, também descendente dos antigos escravos de origem africana, que conhecera no ano anterior. No Rio Grande do Sul começava a revolta dos federalistas, que logo comandada pelo caudilho Gumercindo Saraiva, atingiria Santa Catarina e Paraná, na tentativa de chegar ao Rio e derrubar Floriano. Na capital, no ano seguinte, eclodiu a Revolta da Armada, também com o objetivo de derrubar o cognominado *Marechal de Ferro*. Derrotados os revoltosos do Rio e repelidos os federalistas após o combate de Lapa, no Paraná, ambas as facções revoltosas encontraram-se na "Desterro de Cruz e Sousa", sendo recebidos entusiasticamente. Reocupada a cidade, após seu abandono pelos revoltosos, seguiu-se a cruel repressão comandada por Moreira César, que mandava fuzilar ou enforcar os *maragatos* federalistas e outros descontentes e desafetos na fortaleza de Anhatomirim, de origem colonial, e que até hoje existe e pode ser visitada.

Este ano de 1893 foi marcante na vida intelectual brasileira, e na de Cruz e Sousa. Lançou dois livros, *Missal* e *Broquéis*. O primeiro era de prosa poética, e o segundo, de poemas. Não eram seus primeiros livros, tendo em Santa Catarina publicado *Tropos e Fantasias*, com Virgílio Várzea. Mas aquelas duas obras publicadas no Rio de Janeiro foram a pedra fundamental da *nova escola*. A partir de então o Movimento Simbolista estava lançado no Brasil. Ao mesmo tempo Cruz e Sousa conseguiu fixar-se num emprego, nomeado Praticante de Arquivista da Central do Brasil. A partir de 1894 seu salário passou a ser de 250$000 (duzentos e cinquenta mil-réis) por mês.

Com Gavita Cruz e Sousa teve quatro filhos: Raul, Guilherme, Reinaldo e João. Todos, como seus pais, morreram de tuberculose pulmonar. O último, João, morreu em 1915, perto de completar 15 anos de idade.

Gavita teve distúrbios de natureza mental que, além de a atormentarem, atormentaram o próprio poeta e se refletiram em seus escritos.

Em que pesem dificuldades e doenças, Cruz e Sousa levou um vida de intensa atividade intelectual no Rio de Janeiro, onde tornou-se reconhecido e respeitado por muitos, apesar dos preconceitos existentes. Um conjunto de amigos e admiradores o seguiu e o protegeu em vida e, depois de morto o poeta, estendeu essa proteção à preservação de sua obra.

Em 1897 Cruz e Sousa concluiu um livro de prosa poética, *Evocações*. Preparava-se para publicá-lo quando, no fim do ano, apresentou-se a tuberculose pulmonar. Em março de 1898 partiu para as montanhas de Minas Gerais, em busca de tratamento e melhores ares do que os da já poluída capital. Mal chegado à cidade de Sítio, naquele estado, sucumbiu. Seu corpo foi levado ao Rio num vagão de gado, coisa que chocou seus amigos e admiradores. José do Patrocínio, o conhecido tribuno da abolição, pagou os funerais e o enterro, no Cemitério de São Francisco Xavier.

No mesmo ano de 98 saiu a público o livro *Evocações*, em edição financiada por Saturnino de Meireles, seu amigo. Três anos depois, em 1901, morre Gavita, mulher do poeta.

Cruz e Sousa despertou em vida sentimentos muito intensos entre a intelectualidade do Rio. Teve partidários ardorosos e críticos às vezes desdenhosos, sobretudo por sua adesão ao Simbolismo poético, que era visto como coisa de "decadentistas" ou "decadistas", como se dizia na época. Esse ápodo, contudo, passou a ser reivindicado pelos adeptos daquela escola literária. Ganhou ele, ainda em vida, apelidos sonoros. Alphonsus de Guimaraens, que ao lado de Cruz e Sousa é um dos poetas simbolistas mais importantes do Brasil, chamou-o de o *Cisne Negro*. Tristão de Alencar Araripe Júnior disse ser ele um *maravilhado*, e o *náufrago de uma raça*.

Sua fortuna crítica enfatizou o fato de ser o primeiro poeta negro, filho de gente que fora escrava, a figurar no primeiro plano da poesia brasileira. Durante muito tempo teve certa voga a ideia de que fora indiferente à sorte dos escravos africanos e seus descendentes no Brasil, graças a predominar em sua poesia certo toque espiritualista e haver muita cor branca disseminada nela. O tempo corrigiu essa injustiça, com as sucessivas edições de livros póstumos e de suas *Obras completas* a partir de 1923. Cruz e Sousa foi dedicado e veemente abolicionista, escrevendo páginas sobre os escravos, os escravagistas, as crianças negras, que poderiam muito bem aplicar-se a nossas misérias sociais de hoje em dia.

Depois de morto Cruz e Sousa tornou-se objeto de veneração e culto por parte de seus amigos e admiradores, num grau e longevidade talvez só superado pelo caso de seu contemporâneo Euclides da Cunha. A rua onde morou no Rio, então chamada Teixeira Pinto, passou a ter seu nome. E em Florianópolis escritores de boa memória ainda podem mostrar o lugar do antigo cais do porto (hoje afastado d'água pelo novo aterro) onde flanava o grande poeta negro do Desterro.

CRONOLOGIA DOS LIVROS

1885 – Publicação de *Tropos e fantasias* (prosa poética) em parceria com Vigílio Várzea.
1893 – *Missal* (prosa poética) e *Broquéis* (poemas), livros inaugurais da Escola Simbolista no Brasil.
1897 – Conclusão de *Evocações* (prosa poética).
1898 – Publicação póstuma de *Evocações*, graças ao concurso de Saturnino de Meireles.
1900 – *Faróis* (poemas), coletânea organizada por seu amigo Nestor Vítor.
1905 – *Últimos sonetos*, publicado em Paris, livro também organizado por Nestor Vítor.
1923 – Primeira edição de suas *Obras completas*, por ocasião do 25º aniversário de sua morte, livro organizado por Nestor Vítor.
1945 – *Obra poética*, publicação do Instituto Nacional do Livro, livro organizado por Andradre Muricy, a partir do arquivo de Nestor Vítor.
1961 – *Obras completas*, reunindo esparsos e inéditos, livro organizado por Andrade Muricy, em comemoração ao centenário de nascimento do poeta. A publicação foi feita pela Editora Nova Aguilar.

COMENTÁRIO BIBLIOGRÁFICO

Para estudos sobre Cruz e Sousa, deve-se consultar o volume que tem seu nome da coleção *Fortuna crítica*, publicado em 1979 pela Editora Civilização Brasileira e pelo Instituto Nacional do Livro, coleção esta dirigida por Afrânio Coutinho. Além disso, Andrade Muricy e Nestor Vítor propiciaram diversos estudos críticos e biográficos sobre o poeta nas edições de suas obras. Deve-se também consultar a introdução de Andrade Muricy no vol. I do livro *Panorama do Movimento Simbolista*, publicado pelo INL em 1952 e que já teve reedições.

Outro livro de referência é o volume dedicado ao poeta na Coleção *Nossos clássicos*, publicado pela Editora Agir em 1957, com apresentação de Tasso da Silveira. Todos os historiadores da literatura brasileira, a começar por Sílvio Romero e José Veríssimo, escreveram sobre o poeta. Nestes livros de referência o leitor encontrará copiosa bibliografia sobre a obra de Cruz e Sousa, em livros, revistas e jornais.

ÍNDICE

A Secreta Malícia 07

POEMAS

Broquéis (1893)

Antífona 25
Siderações 27
Lubricidade 29
Monja 30
Cristo de Bronze 31
Braços 32
Sonho Branco 33
A Dor 34
Encarnação 35
Noiva da Agonia 36
Satã 37
Beleza Morta 38
Deusa Serena 39
Tulipa Real 40
Aparição 41
Flor do Mar 42
Regenerada 43
Serpente de Cabelos 44

Acrobata da Dor 45
Majestade Caída 46
Incensos 47

Faróis (1900)

Canção do Bêbado 51
A Flor do Diabo 53
Pandemonium 56
Envelhecer 61
Flores da Lua 65
Sem Esperança 66
Réquiem do Sol 67
Violões que Choram... 68
Olhos do Sonho 75
Enclausurada 77
Música da Morte 78
Monja Negra 79
Visão 84
Meu Filho 85
Litania dos Pobres 89
Spleen de Deuses 95
Cabelos 96
Olhos 97
Boca 98
Seios 99
Mãos 100
Pés 101
Corpo 102
Tristeza do Infinito 103
Ébrios e Cegos 106

Últimos Sonetos (1905)

Caminho da Glória 113
Presa do Ódio 114
Vida Obscura 115
Madona da Tristeza 116
Ironia de Lágrimas 117
Grandeza Oculta 118
Voz Fugitiva 119
Livre! 120
Cárcere das Almas 121
Único Remédio 122
Deus do Mal 123
Alma Fatigada 124
O Soneto 125
Vinho Negro 126
O Assinalado 127
Asas Abertas 128
Velho 129
Eternidade Retrospectiva.. 130
Invulnerável 131
Lírio Lutuoso 132
Condenação Fatal 133
Demônios 134
Cavador do Infinito 135
No Seio da Terra 136
Anima Mea 137
Sentimento Esquisito 138
Grande Amor 139
Assim Seja 140
Da Senzala... 141

O Livro Derradeiro (1945-1961)

Escravocratas	145
O Final do Guarani	146
Celeste	147
Luar	148
A Ermida	149
O Chalé	150
Frutas de Maio	151
Eterno Sonho	152
Ave! Maria...	153
Impassível	154
Símiles	155
Manhã	156
Pássaro Marinho	157
Hóstias	158
O Cego do Harmonium	159
Rosa Negra	160
Titãs Negros	161
Nos Campos	162
Diante do Mar	164
Crianças Negras	168
O Órgão	172

PROSA POÉTICA

Tropos e Fantasias (1885)

O Padre	177

Missal (1893)

Ocaso no Mar 185
Navios 187
Esmeralda 189
Umbra 191

Evocações (1897-1898)

Triste 195
Dor Negra 202
No Inferno 204
Balada de Loucos 211
Impressões 216

Dados biográficos 219
Cronologia dos livros 225
Comentário bibliográfico 227

COLEÇÃO MELHORES POEMAS

Castro Alves
Seleção e prefácio de Lêdo Ivo

Lêdo Ivo
Seleção e prefácio de Sergio Alves Peixoto

Ferreira Gullar
Seleção e prefácio de Alfredo Bosi

Mario Quintana
Seleção e prefácio de Fausto Cunha

Carlos Pena Filho
Seleção e prefácio de Edilberto Coutinho

Tomás Antônio Gonzaga
Seleção e prefácio de Alexandre Eulalio

Manuel Bandeira
Seleção e prefácio de Francisco de Assis Barbosa

Cecília Meireles
Seleção e prefácio de Maria Fernanda

Carlos Nejar
Seleção e prefácio de Léo Gilson Ribeiro

Luís de Camões
Seleção e prefácio de Leodegário A. de Azevedo Filho

Gregório de Matos
Seleção e prefácio de Darcy Damasceno

Álvares de Azevedo
Seleção e prefácio de Antonio Candido

Mário Faustino
Seleção e prefácio de Benedito Nunes

Alphonsus de Guimaraens
Seleção e prefácio de Alphonsus de Guimaraens Filho

Olavo Bilac
Seleção e prefácio de Marisa Lajolo

João Cabral de Melo Neto
Seleção e prefácio de Antonio Carlos Secchin

Fernando Pessoa
Seleção e prefácio de Teresa Rita Lopes

Augusto dos Anjos
Seleção e prefácio de José Paulo Paes

Bocage
Seleção e prefácio de Cleonice Berardinelli

Mário de Andrade
Seleção e prefácio de Gilda de Mello e Souza

Paulo Mendes Campos
Seleção e prefácio de Guilhermino Cesar

Luís Delfino
Seleção e prefácio de Lauro Junkes

Gonçalves Dias
Seleção e prefácio de José Carlos Garbuglio

Haroldo de Campos
Seleção e prefácio de Inês Oseki-Dépré

Gilberto Mendonça Teles
Seleção e prefácio de Luiz Busatto

Guilherme de Almeida
Seleção e prefácio de Carlos Vogt

Jorge de Lima
Seleção e prefácio de Gilberto Mendonça Teles

Casimiro de Abreu
Seleção e prefácio de Rubem Braga

Murilo Mendes
Seleção e prefácio de Luciana Stegagno Picchio

Paulo Leminski
Seleção e prefácio de Fred Góes e Álvaro Marins

Raimundo Correia
Seleção e prefácio de Telenia Hill

Cruz e Sousa
Seleção e prefácio de Flávio Aguiar

Dante Milano
Seleção e prefácio de Ivan Junqueira

José Paulo Paes
Seleção e prefácio de Davi Arrigucci Jr.

Cláudio Manuel da Costa
Seleção e prefácio de Francisco Iglésias

Machado de Assis
Seleção e prefácio de Alexei Bueno

Henriqueta Lisboa
Seleção e prefácio de Fábio Lucas

Augusto Meyer
Seleção e prefácio de Tania Franco Carvalhal

Ribeiro Couto
Seleção e prefácio de José Almino

Raul de Leoni
Seleção e prefácio de Pedro Lyra

Alvarenga Peixoto
Seleção e prefácio de Antonio Arnoni Prado

Cassiano Ricardo
Seleção e prefácio de Luiza Franco Moreira

Bueno de Rivera
Seleção e prefácio de Affonso Romano de Sant'Anna

Ivan Junqueira
Seleção e prefácio de Ricardo Thomé

Cora Coralina
Seleção e prefácio de Darcy França Denófrio

Antero de Quental
Seleção e prefácio de Benjamin Abdalla Junior

Nauro Machado
Seleção e prefácio de Hildeberto Barbosa Filho

Fagundes Varela
Seleção e prefácio de Antonio Carlos Secchin

Cesário Verde
Seleção e prefácio de Leyla Perrone-Moisés

Florbela Espanca
Seleção e prefácio de Zina Bellodi

Vicente de Carvalho
Seleção e prefácio de Cláudio Murilo Leal

Patativa do Assaré
Seleção e prefácio de Cláudio Portella

Alberto da Costa e Silva
Seleção e prefácio de André Seffrin

Alberto de Oliveira
Seleção e prefácio de Sânzio de Azevedo

Walmir Ayala
Seleção e prefácio de Marco Lucchesi

Alphonsus de Guimaraens Filho
Seleção e prefácio de Afonso Henriques Neto

Menotti del Picchia
Seleção e prefácio de Rubens Eduardo Ferreira Frias

Álvaro Alves de Faria
Seleção e prefácio de Carlos Felipe Moisés

Sousândrade
Seleção e prefácio de Adriano Espínola

Lindolf Bell
Seleção e prefácio de Péricles Prade

Thiago de Mello
Seleção e prefácio de Marcos Frederico Krüger

*Affonso Romano de Sant'Anna**
Seleção e prefácio de Miguel Sanches Neto

*Arnaldo Antunes**
Seleção e prefácio de Noemi Jaffe

*Armando Freitas Filho**
Seleção e prefácio de Heloisa Buarque de Hollanda

*Mário de Sá-Carneiro**
Seleção e prefácio de Lucila Nogueira

*Luiz de Miranda**
Seleção e prefácio de Regina Zilbermann

*Almeida Garret**
Seleção e prefácio de Izabel Leal

*Ruy Espinheira Filho**
Seleção e prefácio de Sérgio Martagão

*PRELO

GRÁFICA PAYM
Tel. (011) 4392-3344
paym@terra.com.br